L'anglais de la drague

Florence Savary

FIRST
Editions

Légende

- !! ..... termes grossiers, vulgaires, injurieux, à ne pas mettre dans toutes les oreilles
- UK ..... anglais britannique
- US ..... anglais américain

ISBN : 978-2-7540-5053-1
Dépôt légal : avril 2013
Imprimé en Italie

Édition : Laury-Anne Frut
Correction : Benjamin Ducher
Mise en page et couverture : Olivier Frenot
Illustration : Catherine Meurisse

Éditions First-Gründ
60, rue Mazarine
75006 Paris
Tél. 01 45 49 60 00
Fax 01 45 49 60 01
E-mail : firstinfo@efirst.com
Site internet : www.editionsfirst.fr

SOMMAIRE

QUI DRAGUE ?
QUI SE FAIT DRAGUER ?

Les filles

Belles et sexy

Commençons par le début et la première chose que vous allez repérer avant de passer à l'action : le physique de la fille, **the girl, chick, doll**, qui vous fait déjà rêver (un peu de patience mesdemoiselles, on passe très bientôt à ces messieurs). En Angleterre, on pourra aussi vous parler de **bird** ou **lass**.

Dans tous les cas, si elle est à votre goût, voici quelques termes qui correspondent à ce que vous avez sous les yeux :

She's attractive. / She's got charm. → Elle est attirante.
A babe → une bombe
Banging / stunning / sexy → canon, sexy
An eye candy → un joli brin de fille, littéralement « une sucrerie pour les yeux »
The place is full of eye candy tonight. → Il y a plein de canons ici ce soir.
An eye popper / an eye popper babe → un canon (*so hot she makes your eyes pop out of your head* : tellement sexy qu'elle vous fait sortir les yeux de leurs orbites)

She's hot / well fit. UK → Elle est bonne.

Hotness hypnosis → sorte d'état hypnotique qui fait oublier les défauts de personnalité chez une fille sexy

A hottie / a real babe → un canon

A nice bit of skirt / nice bit of fluff → une belle fille

A real looker → une vraie beauté

Allons un peu plus loin dans la description : rondelette, plantureuse ou fine comme une allumette ?

A bag of bones → un sac d'os

A brick house → une femme aux courbes délicieusement voluptueuses

Cuddly / plump → dodue et mignonne

She has a great bod. → Elle est bien gaulée.

Fuckable !! → baisable

A muffin top → le bourrelet qui dépasse d'un pantalon un peu trop serré

Sultry → voluptueuse et très sexy

Zaftig (US, du yiddish) → rondelette et sexy

Continuons avec quelques détails que vous n'aurez pas manqué de remarquer :

Asstastic / bootylicious → bien foutu, qui a un beau cul (*asstastic* = *fantastic ass*, un cul fantastique ; *bootylicious* = *a delicious booty*, des fesses délicieuses)

A beautiful arse (!!) → un beau cul

She's got great tits ! (!!) → Elle a de beaux seins !

She's got legs to die for. → Elle a des jambes de rêve (tellement belles qu'on en mourrait).

A nice booty/bum/butt (US) → un beau cul

A nice pair of eyes → une belle paire de… seins (attention aux malentendus ! Pour lui dire qu'elle a de beaux yeux, contentez-vous de *you've got beautiful eyes*)

An onion booty → un très beau cul (tellement beau qu'il vous donne envie de pleurer, comme les oignons)

Finissons par le plus important. Eh oui, elle a aussi un visage :

She's beautiful. → Elle est belle.

She's got beautiful eyes. → Elle a des yeux magnifiques. (Cette fois, on parle vraiment de ses yeux.)

A blonde → une blonde

A brunette → une brune

A butter face → une nana canon, mais qui n'a pas un joli visage (*butter face* = *but her face*, comme dans *hot but her face*, canon sauf du visage)

She's pretty. → Elle est jolie.
A redhead → une rousse

Dragueuses et séductrices

Maintenant, étudiez votre cible un peu plus en détail : à quel type de séductrice avez-vous affaire ? Est-ce que vous allez devoir faire le premier pas, vous laisser emballer... ou partir en courant ?

Si vous êtes exigeant, physiquement parlant, et que vous vous êtes laissé impressionner par cette **hottie**, **you're gonna have to go all out** (il va falloir sortir le grand jeu). Si vous tombez sur une **sapiosexual**, vous allez surtout devoir assurer côté intellect.
Regardez un peu autour de vous, ne vous laissez pas impressionner par les filles au physique ravageur et peut-être que vous tomberez sur la **girl next door**, celle qui passe souvent inaperçu au premier abord, mais c'est toujours avec elle que finit le héros dans les comédies romantiques ! Avec un peu de chance, vous tomberez même sur une **Marissa**, une *girl next door* belle, sexy, adorable, parfaite en tout point.

An airhead → une jolie fille pas très futée

A babe / a hottie / a knockout → une bombe
A bimbo → une bimbo
A dumb blonde → une belle blonde pas très maligne
The girl next door → la fille d'à côté, celle qu'on ne remarque pas spécialement, souvent à tort
Marissa → la fille idéale, proche de la perfection
To play hard to get → jouer les filles difficiles à séduire
Sapiosexual → qui est attiré par l'intelligence plus que par le physique

Vous vous sentez plutôt l'âme d'une proie ce soir ? Attention, elles arrivent :

A cougar → une couguar, une femme d'expérience qui aime les hommes plus jeunes
A cougar lift → chirurgie esthétique dans le but d'attirer des hommes plus jeunes
She's an easy lay. → Elle a la cuisse légère.
A femme fatale → la femme fatale, encore plus sexy dit avec l'accent anglais
A panther → une femme qui aime les hommes plus âgés
A pricktease (!!) / a dicktease (!!) / a cocktease (!!) → une allumeuse
A puma → une jeune femme qui s'intéresse à des hommes plus jeunes, sans volonté de s'engager

Sexed up → qui a adopté un look très sexy
A tease → une dragueuse ou une allumeuse
War paint → le maquillage de sortie, littéralement des « peintures de guerre »

Enfin, celles dont vous devrez peut-être vous méfier :

A bike (!!) / **a slag** (!!) → une traînée
A bunny boiler → une femme qui poursuit un homme de manière obsessionnelle (en référence au personnage joué par Glenn Close dans *Liaison fatale*)
A goer (UK) / **a nympho / a sex-maniac** → une nymphomane
A man-eater → une coureuse
A slore (!!) → une salope, une traînée (mélange de *slut*, traînée, et *whore*, pute)
A slut (!!) / **a tart** (!!) → une traînée, une pétasse (peut aussi vouloir dire une pute)

Les mecs

•

Beaux gosses

Passons maintenant à ces messieurs, car, avouons-le, les filles aussi accordent de l'importance à l'apparence de ceux qu'elles essaient de séduire.
Alors, c'est parti : il s'agit de choisir **the right guy**, **chap**, ou encore **bloke**, **fella** ou **lad** si vous êtes de l'autre côté de la Manche, bref le bon mec.

Si ce que vous avez sous les yeux vous plaît, voici quelques termes qui pourront être utiles :

A bit of all right → un beau mec
He's attractive. → Il est attirant.
He's handsome. → Il est beau mec.
A himbo → un beau mec qui n'a pas l'air très futé, la version masculine de la bimbo (on a bien dit ce que vous avez sous les yeux, sans vous promettre qu'il aurait de la conversation)
Hot / sexy → canon, sexy
A hunk → un beau mec, bien foutu

Passons aux détails, à la silhouette, aux muscles… ou pas :

A beanpole / a stringbean → un grand maigrichon
A beautiful arse (!!) → un beau cul
Chub / chubby → bouboule, plutôt employé pour les gays
Cuddly / dumpy / plump → bouboule
Fuckable (!!) → baisable
To GTL → *to do gym, tan, and laundry*, faire tout ce qu'il faut pour être au top (du sport, des UV et sa lessive)
Hairy → poilu
A hairy chest → le torse poilu
Hobosexual → négligé, qui ne fait pas attention à lui — Le contraire du *metrosexual*, créé à partir de *hobo* (clodo)
He's hunky / He's well fit. → Il est bien foutu.
Love handles → les poignées d'amour
Metrosexual → métrosexuel, qui fait attention à son apparence
A nice booty/bum/butt (US) → un beau cul
Sapiosexual → plus intéressé par l'intelligence que par le physique
Have a look at his pecs. → Jette un œil à ses pectoraux.
He's a bit too scrawny. → Il est un peu trop maigrichon.
Six-pack → les tablettes de chocolat
Spare tyre → bourrelet (littéralement, « pneu de secours »)
Swole → très très musclé (trop ?)
Technosexual → un métrosexuel qui a beaucoup d'affection pour tous ses gadgets technologiques

Dragueurs et beaux parleurs

Passons à la suite : il est maintenant temps de savoir si nous avons à faire au mec idéal, à un coureur de jupons ou à un dangereux pervers.
Commençons par les séducteurs, les vrais, avec celui que l'on attend toutes, le prince charmant, j'ai nommé le fameux **Mister Right**. Il a toutefois tendance à se faire rare, alors revoyons un peu nos critères à la baisse.

Préfèrez-vous vous laisser charmer par un beau parleur, **a Casanova** ou **a smooth talker**, ou plutôt par la mante religieuse des dragueurs, **the womanizer** ? Attention aussi aux **skirt-chasers**, ce sont littéralement des « coureurs de jupons ».

A Casanova → un Casanova
A flirt → un gentil dragueur, séducteur sans intention
A hunk → un beau mec
A manther → l'équivalent masculin de la *cougar*, qui cherche donc *a panther*
A manwhore → un coureur qui enchaîne les histoires… ou les coups d'un soir
Mister Right → LE prince charmant
A player → un séducteur, coureur de jupons
Playing hard to get → jouer les mecs difficiles à séduire

A romeo / a seducer → un séducteur

A skirt-chaser → un coureur de jupons

A sugar daddy → un homme âgé qui cherche à séduire des minettes

A sweet talker / a smooth talker → un beau parleur

A toyboy → un homme-objet (littéralement, un « garçon-jouet »)

A womanizer → un séducteur en série (comme dans la chanson de Britney Spears)

Que vous ayez tiré le bon numéro ou pas parmi tous ces charmants profils, il reste quand même quelques types d'individus à éviter :

A bore → un raseur

A dirty old pig → un vieux cochon

A dirty pervert → un sale pervers

A horny beggar → un chaud lapin

A loser → un loser, un naze

A poser → un frimeur

A sex-maniac → un obsédé

A wanker → un connard

LA DRAGUE

Les techniques de base

•

Repérer sa proie

C'est décidé, ce soir, **you're going to pull a lad/lass** ou encore **you're going to pick up a guy/chick** : vous allez emballer. De façon plus vulgaire, un mec pourra dire **that he's going pussy tripping** (!!).

To go chasing pussy (!!) → partir à la chasse, chercher une fille (*pussy* = chatte)
To be on the make → draguer
To be on the pull → draguer
To go out on the pull → sortir draguer
To go pussy tripping (!!) → partir à la chasse, chercher une fille

Maintenant, il est temps d'ouvrir les yeux : **check out what's around you**. Si vous trouvez celui ou celle qui va vous plaire, vous pouvez dire à vos amis **I fancy this guy/girl**. Attention tout de même à ne pas trop vous emballer et **drool over him/her** : on n'apparaît rarement sous son meilleur jour quand on bave littéralement devant quelqu'un et c'est encore plus dommage s'il/elle vous plaît vraiment. Si **you have the hots for him/her**, c'est le moment de foncer, avant de **going to jelly** et d'avoir les genoux qui lâchent.

To be like a cat on hot bricks → ne pas tenir en place
To check someone up → mater quelqu'un
To have a crush on someone → craquer pour quelqu'un
To drool over someone → baver devant quelqu'un
To eye up → mater
To fancy someone / to have the hots for someone → flasher sur quelqu'un
To fancy the pants of someone → fantasmer sur quelqu'un
To get an eyeful → mater, regarder
To go to jelly → avoir les jambes en coton
To go wobbly at the knees → avoir les genoux qui lâchent

Première approche

Maintenant que vous l'avez repéré(e), il va falloir passer à l'attaque : **be forward** ! Messieurs, si vous êtes victime d'une **babe paralysis, you're gonna have to pull yourself together** (si elle est tellement canon que ça vous paralyse, vous allez devoir vous reprendre).

Babe paralysis → paralysie due à la beauté d'une fille
To be forward → passer à l'attaque

To pull oneself together → se reprendre

Une fois que vous vous sentez prêt(e), **make eye contact** (échangez un regard) et passez ensuite à des regards plus langoureux **by giving her/him the eye**.

To give someone the eye / to make eyes at someone → lancer des regards à quelqu'un
To make eye contact → échanger un regard

Maintenant, lancez-vous : **make a pass at him/her**, **go hit on him/her** ou **chat him/her up**. En bref, c'est le moment d'aborder votre cible et de passer sérieusement à la drague.

To chat someone up / to come on to someone UK **/ to hit on someone** → aborder/draguer quelqu'un
To make a pass at someone → faire des avances à quelqu'un

Pour vous aider à vous lancer, voilà quelques phrases utiles :

Do I know you? → On se connaît ?
Do you come here often? → Tu viens souvent ici ?
Have we met before? → On s'est déjà rencontrés ?

Hi, I'm X. Can I offer you a drink? → Salut, je m'appelle X. Je peux t'offrir un verre ?

I've seen you here before, haven't I? → Je t'ai déjà vu ici, non ?

Séduire avec style

On vous a donné quelques idées d'approche assez classiques dans le chapitre précédent, mais si vous voulez sortir du lot et vous imposer en quelques mots, voilà des **pick up lines** auxquelles il/elle ne pourra pas résister. À vous de les adapter selon votre cible. Attention, classe et romantisme sont de sortie !

When making the alphabet, they should have put U and I together. → Quand l'alphabet a été créé, on aurait dû mettre U (*you*, toi) et I (*I*, moi) ensemble.

I've just had a really bad day and it always makes me feel better to see a pretty girl smile. Would you do this for me? → J'ai passé une journée horrible et ça me fait toujours du bien de voir une jolie fille sourire. Tu ferais ça pour moi ?

There must be something wrong with my eyes. I can't take them off you. → Il y a quelque chose qui cloche avec mes yeux. Je ne peux pas les décrocher de ton visage.

You're so beautiful that you made me forget my pick up line. → Tu es tellement belle que j'en ai perdu mes mots.

If a thousand artists painted for a thousand years, they still could not create a work of art as beautiful as you. → Si mille artistes peignaient pendant mille ans, jamais ils ne pourraient créer une œuvre d'art aussi belle que toi.

[Prenez-lui la main.] **Would you hold this for me while I go for a walk?** → Tu peux me tenir ça le temps que j'aille me promener ?

The only thing your eyes haven't told me is your name. → La seule chose que tes yeux ne m'aient pas dite est ton nom.

Il/elle vous donne déjà l'impression d'être au paradis ? Dites-le-lui :

How was heaven when you left? → Comment c'était au paradis quand tu en es parti ?

Did it hurt? "Did what hurt?" When you fell out of heaven. → Ça t'a fait mal ? « Quoi ? » Quand tu es tombé du paradis.

Would you grab my arm? Just so I can tell my friends I've been touched by an angel. → Tu peux m'attraper le bras ? Pour que je puisse dire à mes amis qu'un ange m'a touché.

I didn't know angels could fly so low. → Je ne savais pas que les anges pouvaient voler si bas.

I can die happy now that I've seen a piece of heaven. → Je peux mourir heureux maintenant que j'ai eu un aperçu du paradis.

Vous voyez des étoiles dans ses yeux chaque fois qu'il/elle sourit… ça peut aussi donner des idées pour l'aborder :

Was your father a thief? "No!" 'Cause someone obviously stole stars from the sky and put them in your eyes. → Ton père était un voleur ? « Non ! » Parce qu'on a forcément volé des étoiles dans le ciel pour les mettre dans tes yeux.

I think you have something in your eye. Oh sorry, it's just a sparkle. → Je crois que tu as quelque chose dans l'œil. Oh pardon, c'est juste une étincelle.

Être entreprenant

Le chapitre précédent s'adressait aux romantiques. Si vous êtes du genre un peu plus entreprenant, lâchez-vous et surprenez votre futur(e) partenaire par votre franc-parler ou votre humour. Attention, on ne garantit pas le résultat…

Be unique and different. Say yes! → Sois unique et différent. Dis oui !

There is something wrong with my cell phone. It doesn't have your number in it. → Il y a truc qui cloche avec mon téléphone. Il n'a pas ton numéro.

If I asked you on a date, would your answer be the same as the answer to this question? → Si je t'invite, ta réponse sera la même qu'à cette question ?

Do you believe in love at first sight or do I have to walk by again? → Tu crois au coup de foudre (« l'amour au premier regard », littéralement) ou tu veux que je repasse devant toi ?

Hi, I just wanted to give you the satisfaction of turning me down. Go ahead, say no. → Salut, je voulais juste te donner la satisfaction de me rejeter. Vas-y, dis-moi non.

Screw me if I'm wrong but you wanna kiss me, right? → Dis-moi si je me trompe, mais tu as envie de m'embrasser, non ?

Rejection can lead to emotional stress for both parties involved, and emotional stress can lead to physical complications such as headaches, ulcers, cancerous tumors, and even death. So for my health and yours, JUST SAY YES! → Le rejet peut conduire à un stress émotionnel pour les deux parties en présence, et le stress émotionnel peut conduire à des complications physiques telles que maux de tête, ulcères, tumeurs et même la mort. Pour ma santé et pour la tienne, DIS OUI !

Your lips look so lonely. Would they like to meet mine? → Tes lèvres ont l'air de se sentir si seules. Peut-être voudraient-elles rencontrer les miennes ?

I'm sorry… were you talking to me? "No." Well, then you can start now. → Pardon… tu me parlais ? « Non. » Alors tu peux commencer maintenant.

Here I am! What were your two other wishes? → Me voilà ! Quels étaient tes deux autres vœux ?

My friends said that I wouldn't have the guts to talk to the most beautiful girl in the bar. Wanna buy some drinks with their money? → Mes amis m'ont dit que je n'aurais jamais le courage de parler à la plus belle fille du bar. Ça te dit de boire quelques verres à leurs frais ?

You see my friend over there? He wants to know if you think I'm cute. → Tu vois mon pote là-bas ? Il voudrait savoir si tu me trouves mignon.

Vous le/la trouvez incroyablement sexy ? Dites-le-lui :

Damn, if being sexy was a crime, you'd be guilty as charged. → Wahou, si être sexy était un crime, tu serais sûr de finir en taule.

Pinch me! "Why?" You're so fine I must be dreaming. → Pince-moi ! « Pourquoi ? » Tu es tellement belle que je dois être en train de rêver.

If I tell you you have a great body, will you get mad at me? → Si je te dis que tu as un corps superbe, tu m'en veux ?

Nice to meet you! I'm (votre nom) **and you are... gorgeous.** → Enchanté ! Je suis (votre nom) et tu es... sublime.

Audacieuses ou foireuses : les approches dangereuses

Vous avez essayé le romantisme et les approches un peu plus directes, mais ça ne marche pas ? Tentez le tout pour le tout et allez-y au culot. Mais faites attention à ne pas aller trop loin sous peine de tout faire foirer : **don't be an askhole** (ne posez pas trop de questions), ne racontez pas non plus les moindres détails de votre vie sous peine de donner **T.M.I.**, *i.e. Too Much Information*, et surtout **don't be all over him/her** (collé à lui/elle). Encore pire, **don't get wandering hands** (n'ayez pas les mains baladeuses !). Maintenant que vous êtes prêt, c'est quitte ou double. Voici quelques accroches qui pourraient vous servir, mais n'oubliez pas que le résultat peut ne pas être à la hauteur de vos espérances et que nous n'assumons en aucun cas la responsabilité de ce qui pourrait vous arriver :

You look cold. Do you wanna use me as a blanket? → Tu as l'air d'avoir froid. Je peux te servir de couverture ?

Do you sleep on your stomach? If not, can I? → Tu dors sur le ventre. Non ? Je peux alors ?

I'm not trying to pressure you and I don't want sex without mutual consent. By the way, you have my consent. → Je ne veux pas te mettre la pression et je ne couche avec personne sans consentement mutuel. D'ailleurs, sache que je suis consentant.

You must be a light switch 'cause every time I see you, you turn me on. → Tu dois être un interrupteur car à chaque fois que je te vois, tu m'allumes.

I would die happy if I saw you naked just once. → Je pourrais mourir heureux si je te voyais nue rien qu'une fois.

I may not be the best looking guy/girl here but I'm the only one talking to you. → Je ne suis peut-être pas le plus canon ici mais je suis le/la seul(e) à t'adresser la parole.

You're so hot you would make the devil sweat. → T'es tellement sexy que tu pourrais faire transpirer le diable.

I think I could fall madly in bed with you. → Je crois que je pourrais tomber follement dans ton lit.

Let's go back to my place and do some maths: add a bed, substract our clothes, divide your legs, and multiply. → Allons chez moi pour faire un peu de maths : ajouter un lit, soustraire nos vêtements, écarter (« diviser », littéralement) tes jambes et se multiplier.

Your place or mine? You know what? I'll flip a coin: head at my place, tail at yours. → Chez toi ou chez moi? Tu sais quoi ? On va jeter une pièce : pile chez moi, face chez toi.

Et pour ceux qui aiment vivre très dangereusement :

Wow! Are those real? → Wahou ! Ce sont des vrais ?

The more I drink, the prettier you get. → Plus je bois, plus t'es jolie.

You've got something on your butt… my eyes! → Tu as quelque chose sur les fesses… mes yeux !

I know a great way to burn off the calories from that cake you just ate. → Je connais une super façon de brûler les calories du gâteau que tu viens de manger.

I don't know what you think about me but I hope it's X-rated. → Je ne sais pas ce que tu penses de moi, mais j'espère que c'est classé X.

Smile! It's the second best thing you can do with your lips. → Souris ! C'est la deuxième meilleure chose que tu peux faire avec tes lèvres.

Are those space pants? 'Cause your ass is out of this world. → C'est un pantalon extra-terrestre ? Parce que ton cul est trop beau pour être de ce monde.

Draguer en soirée

•

Aller prendre un verre

Lieux numéro 1 de la drague, les bars et autres pubs regorgent de gens venus s'amuser, passer du bon temps et pourquoi pas se faire draguer. Alors, choisissez un pub à l'ambiance chaleureuse ou **a trendy bar** (un bar à la mode) et prenez un verre pour vous donner du courage. **Down the hatch!**

A trendy bar → un bar à la mode
Beerboarding → saouler quelqu'un pour lui extraire des informations
Booze / bevvy → alcool / picole
Bottoms up! / Down the hatch! → Cul sec !
Cheers! → Tchin !
Happy hour → « l'heure joyeuse », celle des verres à moitié prix (comme chez nous)
Last orders please! → Dernières commandes ! (avant la fermeture des pubs)
A pub → un pub, plutôt au Royaume-Uni, mais il existe aussi beaucoup de pubs irlandais aux États-Unis
To go on a pub crawl → faire la tournée des pubs

To have a quick one → prendre un verre en vitesse (ou encore, tirer un coup en vitesse, selon les situations)
Sup up! → Finis ton verre !

Attention tout de même à ne pas **get smashed**, **trashed** ou **pissed** (!!) au Royaume-Uni ou encore **wasted** aux États-Unis, même si vous pourrez toujours plaider la **drunken immunity** si l'alcool finit par parler pour vous.

Bladdered / hammered / legless / pissed (!!) **/ smashed / trashed / wrecked** (UK) → bourré, déchiré (tous ces termes sont britanniques)
Drunk / fucked (!!) **/ plastered / shitfaced** (!!) **/ stoned / trashed / wasted** (US) → bourré, déchiré
Drunken immunity → l'immunité du bourré, quand tes amis acceptent d'oublier ce que tu as pu dire ou confesser sous l'effet de l'alcool.
To plead drunken immunity → plaider l'immunité du bourré
Tipsy → éméché

Attention, les filles sont de sortie : le bar est l'endroit idéal pour **a girls' night out** (une soirée entre filles). Côté mecs, on parle de **brodown** (vous l'aurez compris, une soirée entre mecs). Mesdemoiselles, si vous partez draguer, vous vous accompagnerez peut-être d'une **wingwoman**, l'équivalent féminin du **wingman**, le compagnon de drague, celui qui accaparera l'attention de l'ami(e) de votre cible.

A brodown → une soirée entre mecs
Bros before hoes → les potes avant les filles (sorte de devise)
A girls' night out → une soirée entre filles
Man drought → manque de mecs à draguer (littéralement « une sécheresse durant laquelle ce sont les mecs qui se font rares »)
Self-first → utilisé pour contrer le *bros before hoes*, uniquement si l'on a toutes les chances de conclure
A wingman → un compagnon de drague
A wingwoman → une compagne de drague

Aller en boîte

Ce soir, vous faites la fête : **you're going clubbing with your friends**! Vous allez vous éclater toute la nuit en boîte, **have a blast and dance the night away**. En plus de signifier « danser jusqu'au bout de la nuit », *Dance the Night Away* est aussi un célèbre morceau du groupe Van Halen. Une fois passé le **bouncer** (le videur), vous pouvez vous lâcher, **let yourself go** ! **Get grooving** et montrez à ces messieurs/demoiselles que vous avez le plus beau déhanché de la soirée.

To have a blast → s'éclater
To bop / to have a bop / to dance / to groove → danser
The bouncer / the chucker-out UK → le videur
To go clubbing / to go to the club → aller en boîte
To dance the night away → danser jusqu'au bout de la nuit
To freak out → s'éclater, se lâcher (peut aussi signifier flipper ou criser)
To freak out to the music / to freak out on the dancefloor → s'éclater sur la piste
To hit the town → sortir faire la fête
To go hog wild US **/To let rip** UK → se déchaîner
To let one's hair down / to let oneself go → se lâcher
To live it up → faire la fête

Maintenant que vous êtes bien dans le *move*, passez à l'action : **choose your target** (choisissez votre cible), **catch his/her eye** (croisez son regard), **persist to let him/her know you're interested** (insistez pour lui faire comprendre qu'il/elle vous intéresse), **then go hit on him/her** (allez le/la draguer), **offer him/her a drink** (offrez-lui un verre) ou **invite him/her to dance** (invitez-le/la à danser). Après tout, les boîtes sont l'endroit idéal pour les contacts rapprochés !

Draguer dans un bar ou en boîte

Vous avez essayé le classique **Can I offer you a drink?** mais vous voulez quelques idées d'approche qui vous aideront à vous démarquer de vos adversaires ? En voici quelques-unes :

Sorry but you owe me a drink. "Why?" Because when I looked at you, I dropped mine. → Excuse-moi mais tu me dois un verre. « Et pourquoi ? » Parce que quand je t'ai regardé, j'ai laissé tomber le mien.

Shall we talk or continue flirting from a distance? → On parle ou on continue de flirter à distance ?

Do you mind if I stare at you from up close instead of from accross the bar? → Ça te dérange si je te regarde de près plutôt que depuis l'autre côté du bar ?

I suffer from amnesia. Do I come here often? → Je souffre d'amnésie. Tu sais si je viens souvent ici ?

[Quand il/elle quitte le bar] **Aren't you forgetting something? "What?" Me!** → Tu n'oublies pas quelque chose ? « Quoi ? » Moi !

I'm not drunk, I'm just intoxicated by you. → Je ne suis pas bourré, je suis juste ivre de toi.

I just noticed you noticing me and I just wanted to give you notice that I noticed you too. → Je viens juste de remarquer que tu m'avais remarqué et je voulais te faire remarquer que je t'avais remarqué(e) aussi.

Your ass is so nice that it is a shame that you have to sit on it. → Ton cul est tellement beau que c'est vraiment dommage de t'asseoir dessus.

Is it hot in here… or is it you? → Il fait chaud ici… ou ça vient de toi ?

I must be dancing with the devil because you're hot as hell. → Je dois être en train de danser avec le diable parce que tu es chaud(e) comme les enfers.

Draguer au quotidien

•

Draguer dans la rue

Dans la rue, c'est là qu'on croise le plus de monde, mais c'est aussi là qu'on drague assez peu au final. Eh oui, pas facile d'aborder un ou une inconnu(e) sans se faire éconduire dans la seconde.
Pour déjouer sa méfiance, vous pouvez tout simplement lui demander votre chemin (**Can you tell me directions to…?**) ou prétexter être perdu pour l'aborder plus directement :

I'm new in town. Could you give me the directions to your apartment? → Je suis nouveau en ville. Vous pourriez me donner le chemin jusqu'à votre appartement ?

Can I have directions? "To where?" To your heart. → Est-ce que vous pourriez m'indiquer le chemin ? « Vers où ? » Vers votre cœur.

Do you have a map? I got lost in your eyes. → Vous auriez un plan ? Je me suis perdu dans vos yeux.

Are you lost? 'Cause heaven is a long way from here. → Vous êtes perdu ? Parce que le paradis est très loin d'ici.

Vous êtes du genre direct. Vous avez craqué, vous ne le/la laisserez pas partir comme ça et vous voulez absolument son numéro ? Essayez ça :

I seem to have lost my number. Can I have yours instead? → Je crois avoir perdu mon numéro. Je peux avoir le vôtre à la place ?

I was so enchanted by your beauty that I ran into that wall over there. I'm going to need your number for the insurance. → J'étais tellement émerveillé par votre beauté que j'ai foncé dans ce mur là-bas. Alors je vais avoir besoin de votre numéro pour l'assurance.

Ou encore...

Do you mind if I stare at you for a minute? I want to remember your face for my dreams. → Excuse-moi, je peux te regarder pendant une minute? Je veux me souvenir de ton visage pour en rêver.

Do you believe in helping the homeless? "Yes..." Then take me home with you! → Est-ce que tu penses qu'il faut aider les sans-abris ? « Oui » Alors, emmène-moi chez toi !

Draguer à la fac

Les universités sont pleines de beaux mecs et de jolies filles qui n'attendent que de se faire séduire. Si votre physique n'est pas forcément votre principal atout, essayez d'être drôle à défaut d'être irrésistible ou même spirituel. Voyons ce qui pourra vous faire sortir du lot du côté des étudiant(e)s en physique :

That dress would look even better accelerating towards my bedroom floor at 9.8m/s2. → Cette robe serait encore plus belle en accélération vers ma chambre à 9,8m/s^2 (accélération de gravité).

Those other guys say that your eyes shine like stars but can they explain how they shine with equal brightness? → Les autres types disent que tes yeux brillent comme des étoiles mais est-ce qu'ils peuvent expliquer pourquoi ils brillent du même éclat ?

Even if there were no gravity on Earth, I'd still fall for you! → Même si la gravité n'existait pas sur Terre, je tomberais [amoureux de toi].

On reste chez les scientifiques, avec la biologie et les maths :

You're really hot. You must be the real reason for global warming. → Tu es vraiment chaude. Ça doit être toi la vraie raison du réchauffement climatique.

You are the solution to my homogeneous system of linear equations. → Tu es la solution à mon système homogène d'équations linéaires.

I'll take you to the limit as X approaches infinity. → Je t'emmènerai à la limite quand X approchera l'infini.

Passons par la bibliothèque avec quelques approches un peu plus littéraires :

There is no word in this dictionary for how good you look. → Il n'y a aucun mot dans le dictionnaire pour dire à quel point tu es beau/belle.

You're like a dictionary: you add meaning to my life. → Tu es comme un dictionnaire : tu donnes un sens à ma vie.

I don't have a library card but do you mind if I check you out? → Je n'ai pas de carte de bibliothèque, mais tu veux bien que je t'emprunte ?

Me without you is like a nerd without braces, a shoe without laces, asentencewithoutspaces. → Moi sans toi, c'est comme un intello sans appareil dentaire, une chaussure sans lacet, unephrasesansespaces.

I'm writing a paper on the finer things in life and I was wondering if I could interview you. → J'écris une dissertation sur les plus belles choses de la vie et je me demandais si je pouvais t'interviewer.

Draguer dans les transports en commun

Si les transports en commun laissent en général peu de place aux sourires et à la sociabilité, ils n'en restent pas moins des lieux de promiscuité privilégiés. Alors, ne vous laissez pas entraîner par ces regards fuyants et profitez d'être entouré par la foule où vous trouverez forcément un joli brin de fille ou un beau gosse à votre goût.

Si vous apercevez quelqu'un qui vous plaît, **look confident and make eye contact** (ayez l'air sûr de vous et échangez un regard). Si l'autre a l'air réceptif/réceptive, lancez-vous ! Demander son chemin est une approche classique, sans risque, mais ça peut marcher.

I'm going to Picadilly Circus. Is this the right line? → Je vais à Picadilly Circus. Je suis sur la bonne ligne ?

I'm going to Camden Market. At which station do I get off? → Je vais au marché de Camden. À quelle station dois-je descendre ?

Il/Elle a le nez plongé dans un livre ? Ça peut être un bon moyen de lancer la conversation. Faites quand même attention à ne pas trop parler de quelque chose que vous ne connaissez pas : le ridicule ne marche pas forcément en matière de drague.

This book is great. Are you a philosophy student? → Ce livre est génial. Tu étudies la philosophie ?

Good reading: Bridget Jones is so funny! → Très bon choix de lecture : Bridget Jones est tellement drôle ! (Ne marche pas si tu as confondu Henry Fielding et Helen Fielding.)

Vous avez réussi à engager la conversation, mais vous devez descendre du métro ? C'est le moment de lui demander son numéro pour continuer la discussion plus tard :

Maybe we could keep on talking about that later. Can I have your number? → On pourrait continuer la discussion plus tard. Tu me donnes ton numéro ?

Can I give you my number? → Je te donne mon numéro ?

Si vous sentez que vous avez de bonnes chances et que **you have the balls** (*vous avez le cran*), invitez-le/la :

I'm looking for some bar in Covent Garden. Do you know one? → Je cherche un bar à Covent Garden. Tu en connais un ?

Actually, I'm also looking for someone to come with me. Can I offer you a drink? → En fait, je cherche aussi quelqu'un pour m'accompagner. Je peux t'offrir un verre ?

This is my first time in London. Would you offer me a guided tour? → C'est la première fois que je viens à Londres. Tu me fais une visite guidée ?

Un petit conseil : évitez de descendre au même arrêt et de partir dans la même direction, vous pourriez avoir l'air d'un **stalker** (harceleur) ! Ça ne risque pas de vous aider à séduire.

Draguer dans les magasins

Que ce soit lors d'une séance shopping ou quand vous faites vos courses pour remplir le frigo, vous n'êtes jamais à l'abri d'une rencontre. S'il s'agit d'un vendeur ou d'une vendeuse, vous pouvez adopter une stratégie sur la longueur et revenir régulièrement, mais si vous craquez sur un(e) autre client(e), c'est maintenant ou jamais !

Au supermarché, les occasions ne manquent pas :

Need help to get that tin on the top shelf? → Besoin d'aide pour attraper la boîte qui est là-haut ? (Évidemment vous avez intérêt à être assez grand, sinon ça perd de son intérêt, et mieux vaut éviter d'aider une fille à remplir son Caddie au rayon des serviettes hygiéniques.)

[Au rayon nourriture pour animaux] **Excuse-me, what is the best food for a kitten?** → Excusez-moi, quelle est la nourriture la plus adaptée à un chaton ? (Irrésistible pour les amoureux et amoureuses des chats.)

À la boulangerie, essayez de séduire la boulangère :

I've bought tons of bread and it's still not what I want? "What do you want?" I just want to know your name actually. → J'ai acheté des tonnes de pain sans trouver ce que je cherchais. « Qu'est-ce que vous voulez ? » En fait, je voudrais juste connaître votre nom.

No wonder you're working in a baker's with this nice set of buns. → Pas étonnant que vous travailliez dans une boulangerie avec une telle paire de miches. (Attention, ça peut très mal finir.)

Dans un magasin de vêtements, les compliments fusent :

Nice dress! You look gorgeous in it. → Jolie robe ! Elle vous va à ravir.

Would you go out with a girl/guy dressed like this? → Vous sortiriez avec quelqu'un habillé comme ça ? (pour draguer le vendeur/la vendeuse)

If you were a pair of pants, I'd wear you out. → Si tu étais un pantalon, je te porterais jusqu'à l'usure.

Nice dress! It would look perfect on my bedroom floor. → Jolie robe ! Elle serait parfaite sur le sol de ma chambre.

Au lavomatic, vous trouverez toujours un bon moyen d'entamer la conversation :

Excuse-me, what program should I choose for that delicate underwear? → Excusez-moi, quel programme je dois choisir pour mes sous-vêtements ? (plus efficace de la part d'une fille)

Could you help me fold my sheets? → Vous pourriez m'aider à plier mes draps ?

Could you also help me unfold and crease them? → Vous pourriez aussi m'aider à les déplier et à les froisser ?

Draguer à la salle de sport

Vous vous dites que draguer après avoir fait des haltères et des heures de rameur n'est pas la meilleure des idées ? Pourtant, la salle de sport ou la piscine ne sont pas forcément les plus mauvais endroits pour séduire.

It's my first time here. Could you show me how to use the rowing machine? → C'est la première fois que je viens ici. Vous pourriez me montrer comment utiliser le rameur ?

I don't really like running on a machine. Maybe we could go jogging together in Central Park some day? → Je n'aime pas vraiment courir sur une machine. Peut-être qu'on pourrait faire du jogging ensemble à Central Park un de ces jours?

[Il/elle s'est fait mal] **You should sit down. Let me have a look at this. Does it hurt?** → Vous devriez vous asseoir. Laissez-moi y jeter un œil. Vous avez mal ?

Et si vous voulez attaquer de façon directe :

Do you have a BandAid? I just scrapped my knee falling for you. → Vous auriez un pansement ? Je viens de m'écorcher le genou en tombant [amoureux de vous].

Your legs must be tired because you've been running through my mind all night. → Vous devez avoir les jambes fatiguées parce que vous avez couru dans mon esprit toute la nuit.

I play the field and it looks like I just hit a home run with you. → Je joue *field* et j'ai bien l'impression qu'avec toi, c'est le *home run* assuré. (Vocabulaire du baseball, le *home run* étant utilisé come métaphore du passage à l'acte.)

Do you know karate? Because your body is really kicking! → Tu fais du karaté ? Parce que ton corps est frappant !

Draguer à la plage

La plage, les vacances, les tenues légères : difficile de résister à votre voisin ou votre voisine de serviette qui aurait besoin d'aide pour étaler sa crème solaire ! Voici d'abord quelques termes à connaître :

To go to the beach → aller à la plage
A beach umbrella → un parasol de plage
A beach towel → une serviette de plage
A bikini → un bikini
To dive → plonger
To paddle → barboter
To sunbathe → prendre un bain de soleil

Sunglasses → des lunettes de soleil
Sunscreen cream / lotion → de la crème solaire
Swim shorts → un short de bain
To swim → nager
A swimsuit → un maillot de bain
To get sunburnt → prendre un coup de soleil
To get a tan → bronzer

Vous vous êtes installé à côté du beau gosse de la plage ou de la plus jolie vacancière du coin et maintenant, vous n'avez plus besoin que d'un moyen pour l'aborder. C'est peut-être le moment de vous rendre utile :

It's so windy. Can I help you lay your towel? → Il y a beaucoup de vent. Je peux t'aider à étaler ta serviette ?
Be careful with the sun. Do you need help to apply your sunscreen lotion on your back? → Fais attention au soleil. Tu as besoin d'aide pour appliquer ta crème solaire dans ton dos ?

Les défis aussi, ça peut marcher :

You look like a pretty good swimmer but I bet you can't get to that buoy over there before me! → Tu as plutôt l'air d'un bon nageur, mais je te parie que j'arrive à la bouée qui est là-bas avant toi !

Draguer dans un bar geek

Geeks et geekettes sont de plus en plus nombreux à afficher leurs passions au grand jour, **IRL** (*in real life*, « dans la vraie vie », par opposition à la vie virtuelle) et à les partager **during conventions, in geek bars, in medieval fairs, or other meetings** (lors de conventions, dans des bars geek, des fêtes médiévales ou autres événements). Si vous avez jeté votre dévolu sur un geek ou une geekette, il va falloir assurer au niveau des références aux films culte, séries, jeux vidéo, culture du web, etc. Si la tâche vous semble sans fin, voilà quelques approches qui pourront vous aider :

Are you Google? Because you have everything I'm searching for. → C'est toi, Google ? Parce que tu as tout ce que je recherche.

If you won't let me buy you a drink, at least let me fix your laptop. → Si tu ne me laisses pas te payer un verre, laisse-moi au moins réparer ton ordi.

Isn't your e-mail address beautifulgirl@mydreams.com? → Ton adresse e-mail, ce ne serait pas fillesublime@commedansunrêve.com ?

If you were a Dementor, I'd become a criminal just to get your kiss. → Si tu étais un détraqueur, je deviendrais un criminel rien que pour avoir ton baiser. (Référence à l'univers de la saga Harry Potter.)

You must be magical, because I've fallen under your spell. → Tu dois avoir quelque chose de magique parce que je viens de succomber à ton sort.

Your beauty rivals the graphics of *Call of Duty*. → Ta beauté égale celle du graphisme de *Call of Duty*. (*Call of Duty* étant un jeu vidéo.)

What's a girl like you doing in a place like this when there's a *Farscape* marathon on right now on the Sci Fi channel? → Qu'est-ce qu'une fille comme toi fait ici alors qu'il y a un marathon *Farscape* à la TV en ce moment même ? (*Farscape* est une série TV de science-fiction du début des années 2000.)

"Urkuk lu Stalga," that's klingon for "I love you baby". → « Urkuk lu Stalga » en klingon, ça veut dire « je t'aime bébé ». (Le klingon est la langue du peuple klingon dans la série *Star Trek*.)

If I had the choice, I'd spend my 100 coins on you instead of on an extra life. → Si j'avais le choix, je dépenserais mes 100 pièces pour toi plutôt que dans une vie supplémentaire. (Référence au jeu vidéo Mario.)

If Princess Peach looked anything like you, I would have killed Bowser years ago! → Si la princesse Peach te ressemblait, il y a des années que j'aurais tué Bowser ! (Référence au jeu vidéo Mario.)

You must be made of Kryptonite because you're making my knees weak. → Tu dois être composée de kryptonite parce que j'ai les jambes en coton face à toi. (Référence à Superman.)

Draguer à un mariage

Rien de tel qu'un mariage pour donner des envies d'être en couple (à plus ou moins long terme) aux convives qui sont toujours célibataires. C'est donc le moment d'en profiter ! Voici quelques termes et techniques d'approche qui pourront toujours vous servir :

The bride → la mariée
The bridegroom / the groom → le marié
The bridesmaids → les demoiselles d'honneur
The groomsmen → les garçons d'honneur
A hen party → un enterrement de vie de jeune fille
A stag party → un enterrement de vie de garçon

The wedding cake → le gâteau de mariage

The witnesses → les témoins

You look like my first wife. "How many times have you been married?" For now, I'm still single. → Tu ressembles à ma première femme. « Tu as été marié combien de fois ? » Pour le moment, je suis toujours célibataire.

Are you married? "Yes." Well you didn't say happily. → Vous êtes marié ? « Oui. » Hum, je ne vous ai pas entendu dire marié et heureux.

My shrink says I'm afraid of commitment. Wanna help me prove him wrong? → Mon psy dit que j'ai peur de m'engager. Vous voulez m'aider à prouver qu'il se trompe ?

Wouldn't we look cute on a wedding cake together? → On aurait pas l'air mignon tous les deux au sommet d'un gâteau de mariage ?

Are you religious? 'Cause you're the answer to all my prayers. → Tu es croyant ? Parce que tu es la réponse à toutes mes prières.

Am I wrong or are we going to be next? → Je me trompe ou, les prochains, ce sera nous ?

This time next year, let's be saying yes together. → Et si, dans un an, on disait oui ensemble ?

Draguer au boulot

Draguer au boulot ? Bonne ou mauvaise idée ? Les avis sont partagés, mais si vous avez décidé de foncer, voilà quelques approches qui pourront vous aider à passer d'une relation professionnelle à une relation plus personnelle :

Thank you. "Why?" I had an awful day and it makes me feel so much better to see a pretty girl smile. → Merci. « Pourquoi ? » J'ai passé une journée affreuse et ça me fait tellement de bien de voir une jolie fille sourire.

That meeting was endless and yet I wish it had kept going just to keep looking at you across the table. → Cette réunion était sans fin et pourtant j'aurais voulu qu'elle ne s'arrête pas pour continuer à te regarder en face de moi.

I have so much trouble getting focused today. "Oh, why is that?" Probably being next to such a pretty girl all day long… → J'ai vraiment du mal à me concentrer aujourd'hui. « Ah oui, pourquoi ? » C'est sûrement à cause de la jolie fille qui est près de moi toute la journée…

Hard day wasn't it? I think I need a drink. Wanna come with me? → Dure journée, non ? Je crois que j'ai besoin d'un verre. Tu veux venir avec moi ?

Are you taking any application for a boyfriend/girlfriend? → Tu prends les candidatures pour un(e) petit(e) ami(e) ?

Should I smile because I see you everyday at work or cry because this is the only place where I'll ever see you? → Est-ce que je dois sourire parce que je te vois chaque jour au travail ou pleurer parce que c'est le seul endroit où je te verrai jamais ?

Draguer lors d'une séance de speed dating

Envie de nouvelles têtes et de tête-à-tête ? Vous avez décidé de vous lancer dans le speed dating, mais vous ne serez pas seul(e) et il va falloir assurer pour vous démarquer de vos concurrent(e)s. Si le temps est limité lors d'un speed dating, c'est aussi un moment privilégié pour apprendre à connaître votre partenaire et lui poser des questions puisque vous avez toute son attention.

Évidemment, il y a les questions classiques :

What do you do for a living? → Qu'est-ce que tu fais dans la vie ? (Attention, la règle veut que l'on ne révèle pas dans quelle entreprise on travaille lors d'un speed dating.)

What's your sign? → Tu es de quel signe ? (En espérant qu'il/elle ne soit pas réfractaire à l'astrologie.)
Where do you live? → Tu vis où ? (Ne cherchez pas tout de suite à avoir son adresse précise, étage et numéro d'appartement.)
Have you been living here for long? → Ça fait longtemps que tu vis ici ?
What are you hobbies? → Quels sont tes passe-temps ?

Un peu d'originalité :

What makes you laugh the most? → Qu'est-ce qui te fait le plus rire ?
What's the most adventurous thing you've ever done? → Quelle est la chose la plus audacieuse que tu aies jamais faite ?
At what time in History would you have liked to live? → À quelle époque aurais-tu aimé vivre ?
What would be your ideal holiday destination? → Quelle est la destination de vacances de tes rêves ?
If you could live anywhere in the world, where would it be? → Si tu pouvais choisir de vivre n'importe où dans le monde, ce serait où ?
If you were granted three wishes, what would they be? → Si on t'accordait trois vœux, ce serait quoi ?

Pourquoi ne pas essayer un portrait chinois, **a Chinese portrait** :

If you were a season, which one would you be? → Si tu étais une saison, tu serais laquelle ?

If you were food, what would you be? → Si tu étais un aliment ou un plat, tu serais quoi ?

If you were an animal, which one would you be? → Si tu étais un animal, lequel serais-tu ?

If you were a song, which one would you be? → Si tu étais une chanson, tu serais laquelle ?

If you were a colour, which one would you be? → Si tu étais une couleur, tu serais laquelle ?

If you were a novel, which one would you be? → Si tu étais un roman, tu serais lequel ?

If you were one of the Four Elements, would you be Fire, Air, Water, or Earth? → Si tu étais l'un des quatre éléments, tu serais le Feu, l'Air, l'Eau ou la Terre ?

If you were a vegetal, what would it be? → Si tu étais une plante, tu serais quoi ?

If you were a planet, which one would it be? → Si tu étais une planète, ce serait laquelle ?

If you were a superhero, which one would you be? → Si tu étais un super-héros, tu serais qui ?

If you were a fruit, what would it be? → Si tu étais un fruit, tu serais lequel ?

Draguer sur les réseaux sociaux

Inutile de se le cacher, vous passez une bonne partie de votre temps sur le web et en particulier sur les réseaux sociaux ? Quitte à passer du temps sur Facebook, autant le mettre à profit pour trouver l'amour ! Les phrases toutes faites ne vous seront probablement pas d'une grande utilité, mais il va falloir maîtriser le langage Facebook :

To comment → laisser un commentaire
Facebook foreplay → des préliminaires sur Facebook, échanger des messages de plus en plus chauds
In a relationship → en couple
It's complicated → c'est compliqué (en parlant de votre situation amoureuse)
To like → aimer / cliquer sur j'aime
Pics → des photos
Post-acquaintance friend request → une demande d'ajout d'ami faite juste après avoir rencontré quelqu'un
A profile page → une page de profil
Relationship status → la situation amoureuse

To send a friend request → envoyer une demande d'ajout d'ami
Single → célibataire
To unfriend → retirer quelqu'un de ses amis
To update one's status → mettre à jour son statut

Vous êtes plutôt accro à Twitter? *Let's tweet again!* Familiarisez-vous d'abord un peu avec la **twittosphere** (notre twittosphère) anglo-saxonne et son vocabulaire :

An adventuritter → un aventurier du tweet (de *adventurer* et *twitterer*)
Attwaction → l'attraction entre deux utilisateurs de Twitter (de *attraction* et *Twitter*)
A beetweet → un tweet très populaire
A bulltwit → un tweet bidon (de *bullshit*, connerie, et *tweet*)
A direct message / a DM → un message privé, un MP
Drunktwittering → tweeter alors qu'on est bourré
A dweet → un tweet posté par un utilisateur fort alcoolisé
Egotwistical → quelqu'un qui parle sans cesse de lui sur Twitter (de *egotistical*, égocentrique, et *Twitter*)
A follower → un abonné, quelqu'un qui suit un compte Twitter
#followfriday → hashtag utilisé pour recommander un compte sur Twitter

HAND → *have a nice day*, passe une bonne journée
Intwituated → épris d'un autre utilisateur de Twitter (de *infatuated*, amoureux, et *Twitter*)
A mistweet → un tweet que l'on regrette
A neweeter → un nouvel utilisateur de Twitter (de *new*, nouveau, et *Twitter*)
PRT → *please retweet*, merci de retweeter
TFTF → *thanks for the follow*, merci de me suivre
Twabe → une jeune fille ou une jolie fille (de *Twitter* et *babe*)
Tweeter / twitterer → un utilisateur de Twitter
To tweetroduce → présenter un utilisateur à un autre (de *tweet* et *introduce*, présenter)

Et maintenant, lancez-vous dans le tweet amoureux (attention, 140 caractères maximum !) :

Tweet here often? → Tu tweetes souvent ici ?
I usually don't follow someone on the first night but for you I'll make an exception. → En général, je ne suis pas quelqu'un la première nuit, mais pour toi je peux faire une exception. (« Suivre », dans le sens de « s'abonner ».)
It would take me much more than 140 characters to fully express how beautiful you are. → Ça me prendrait bien plus de 140 caractères pour dire à quel point tu es belle.

Do you believe in love at first tweet? Or should I tweet you again? → Tu crois à l'amour au premier tweet ? Ou je dois te tweeter encore une fois ?

Draguer par SMS : le flexting

Le flexting est un charmant mélange de flirt et de sms, *flirting* et *texting* en anglais. Les sms lèvent les inhibitions et permettent de s'envoyer des messages tendres, surprenants, intrigants, affectueux, coquins bref, de dire des choses qu'on n'aurait pas forcément osé dire dans la réalité.

Si vous voulez vous familiariser avec l'art du flexting, voici quelques termes et techniques à retenir :

A cold finger → l'acte d'ignorer le message de quelqu'un qu'on juge inintéressant

A maintenance text → un sms de rappel, pour se rappeler au bon souvenir de quelqu'un avec qui on aimerait sortir (*text* = SMS)

My less than three → *my love*, mon « inférieur à trois », selon l'émoticône <3 qui fait un cœur (si, si, regardez bien)

A slip of the thumbs → un « glissement des pouces », quand on envoie un sms au mauvais destinataire

Slurring a text → rendre un message incompréhensible parce qu'on est trop bourré

Text purgatory → le temps d'attente d'une réponse quand on flirte par sms

A text-hole → quelqu'un qui envoie des sms à des moments inappropriés (au cinéma, au lit ; de *text* et *asshole*, connard)

Textpectation → l'excitation et/ou l'anxiété ressenties lorsqu'on attend une réponse à un sms (de *text* et *expectation*, attente)

Textual intercourse → une relation consommée par sms

Textual satisfaction → le plaisir ressenti à la réception d'un sms

Textually frustrated → frustré par l'attente d'un sms qui prend trop de temps à arriver

tl;dr → *too long; didn't read*, autrement dit trop long ; pas lu

Vous n'avez plus qu'à vous lancer, en vous inspirant des approches déjà données. Tout dépend de la relation que vous avez avec la personne avec qui vous « *flext* » !

Vous avez décidé que vous ne finiriez pas la soirée seul(e) aujourd'hui ? Essayez le **sexting** (de *sex* et *texting*) ou le **booty grazing** et envoyez à tous vos contacts du sexe opposé un message le moins personnel possible qui pourra s'appliquer à tout le monde, du genre :

What are you up to tonight? → Tu fais quoi ce soir ?
Want to meet up later? → Ça te dit qu'on se voit un peu plus tard ?

Il y a aussi la version un peu plus directe, le **booty text**, la version paresseuse du **booty call** :

What are you doing? Wanna come over and sleep in my bed? → T'es occupé ? Tu veux venir dormir dans mon lit ?

Quelques émoticônes qui pourront vous servir :

O:) → *an angel* → un ange
:-)' → *drooling* → en train de baver
:-* → *a kiss* → un baiser
: x → *keep a secret* → garder un secret
@}-;--- → *a rose* → une rose
;;) → *making puppy eyes* → faire les yeux doux
:"> → *blushing* → rougir
^_^ → *happy eyes* → le regard heureux
<3 → *heart* → un cœur
XX → *kiss kiss* → bisous
XOXO → *kiss hug kiss hug* → gros bisous (littéralement « bisous et câlins », deux fois)

Se faire draguer

•

Répondre aux avances

Tous ses efforts ont fini par venir à bout de votre résistance et au fond, ça vous plaît bien que ce soit lui/elle qui soit venu(e) vers vous. Alors sortez votre plus beau sourire, **your most beautiful smile**, et faites-lui comprendre que vous êtes intéressé.

To be interested → être intéressé
To flirt → flirter
To play cat and mouse with someone → jouer au chat et à la souris avec quelqu'un
To play hard to get → jouer l'inaccessible
To smile → sourire

Sous le coup de l'émotion de cette belle rencontre, vous en perdez votre latin ? Voici quelques phrases qui pourront vous aider à (re)lancer la conversation et montrer votre intérêt :

I'd be glad to accept a drink if it's from you. → Je serais ravi d'accepter un verre si ça vient de toi.

I'll give you my number so you can call me if you need company. → Je te donne mon numéro, comme ça tu peux m'appeler si tu as besoin de compagnie.

I was hoping to meet someone interesting tonight and here you are! → J'espérais rencontrer quelqu'un d'intéressant ce soir et te voilà !

Let's continue this conversation somewhere quiet. → On peut continuer cette conversation dans un endroit plus calme.

Please take that seat next to me. → Assieds-toi à côté de moi.

That seat is available. → Cette chaise est libre.

Se débarrasser des pots de colle

Vous avez décroché le gros lot et c'est le mec le plus lourd (ou la nana) de tout le bar qui vous drague depuis le début de la soirée. Si vous tombez sur **a groper** (un tripoteur), renvoyez-le d'où il vient d'un **Get your hands off and stay away from me** (enlève tes mains de là et reste loin de moi).

Moyen très efficace pour se débarrasser des gêneurs : **the boyfriend bomb** (peut évidemment s'adapter à la gente masculine). Il vous suffit alors de révéler l'existence

(réelle ou imaginaire, l'important étant l'efficacité de la technique) de votre petit ami.
Vous pouvez aussi essayer le **fake take** en faisant semblant de prendre le numéro de votre prétendant(e) pour le/la rappeler plus tard, ce que vous ne ferez évidemment jamais puisque vous n'aurez pas son numéro.
Quelques phrases bien utiles :

Actually, I have a boyfriend. → En fait, j'ai un copain.
Check your totem. → Tu rêves ! Redescends sur terre.
Get your hands off me. / Take your mitts off. → Retire tes mains de là.
I'm here with my mom but I'm sure she'd love to meet you. → Je suis avec ma mère, mais je suis sûre qu'elle adorerait te rencontrer.
I'm not interested. → Je ne suis pas intéressé.
I'm pregnant. → Je suis enceinte.
I'm waiting for my boyfriend. → J'attends mon copain.
I got to go buy thrush cream but we could meet again some time later. → Je dois y aller, je dois acheter de la crème contre les mycoses, mais on peut se voir plus tard.
I was talking to my friend. Do you mind if we go on? → Je parlais avec mon ami. Ça te dérange si on continue ?

You know what? Stay on stand-by in case I can't find anyone better tonight. → Tu sais quoi ? Reste dans le coin au cas où je ne trouverais personne d'autre ce soir.

You're not my type. I prefer girls/guys. → T'es pas mon genre. Je préfère les filles / les mecs.

Check your totem

Ça fait au moins une heure que ce type ou cette nana vous saoule et il/elle a l'air absolument certain(e) de pouvoir repartir avec vous ce soir. C'est le moment de le/la faire redescendre sur terre et de lui dire **check your totem** pour lui faire comprendre que ça ne se passera que dans ses rêves.

L'expression est une référence au film *Inception* de Christopher Nolan dans lequel les personnages examinent un petit objet personnel pour savoir s'ils sont dans le monde réel ou s'ils rêvent.

L'expression est utilisée de façon sarcastique.

Se faire jeter

De toute évidence, l'objet de votre attention a lu le chapitre précédent et s'en est servi contre vous : **you've been KBed** (prononcé *kay-beed*, abréviation de *knocked* *back* – tu t'es fait dégagé). Mais vous êtes sûr(e) que **you really stood a chance** (que vous avez vos chances) ?

To get ditched / to get knocked back / to be snubbed → se faire jeter
To be KBed → se faire dégager (prononcé *kay-beed*, abréviation de *knocked back*)
Someone doesn't stand a chance. / Someone doesn't stand a dog's chance. → Il/Elle n'a aucune chance.
To be put in the friend zone → littéralement « finir dans la zone des amis », être considéré comme un simple ami alors que vous vouliez plus.

Vous croyiez que ça se passait à peu près bien et voilà quelqu'un qui vient tout faire foirer. Ce terme ne convient que pour les mecs, mais on peut dire que vous venez d'être **cockblocked** (de *cock*, bite, et *blocked*, bloqué ; vous comprenez pourquoi ça ne s'applique qu'à la gente masculine).

Cockblocked → quand quelqu'un vient s'interposer entre vous et celle que vous draguez, et fait tout capoter
Cockblocalypse → quand vous êtes *cockblocked* de façon grandiose

Cockblocked by Steve Jobs → quand une fille qui a remarqué qu'elle vous intéressait met ses écouteurs pour vous éviter

Ça se passait à peu près bien, vous avez même eu un rancard, mais en fait, il/elle n'est jamais venu(e), **you just got stood up** (on t'a posé un lapin) :

To stand someone up → poser un lapin à quelqu'un
To get stood up → se faire poser un lapin

PREMIER RANCARD

La préparation

•

L'invitation

Tous nos conseils ont bien fini par fonctionner : vous voilà face à l'étape de l'invitation. **Time has come for the first date** : le moment du premier rancard. **You're gonna have to ask him/her out.** Vous vous décidez enfin à l'inviter, mais où ? Quand ? Comment ? Et que dire ? On vous aide un peu :

Are you busy on Saturday night? → Tu es libre samedi soir ?

Are you busy tonight? We could grab a bite. → Tu es libre ce soir ? On pourrait manger un morceau.

I'm going to a wine tasting tomorrow night, would you like to come with me? → Je vais à une dégustation de vins demain soir, tu veux venir avec moi ?

I have two tickets to *Mamma Mia* on Saturday. Would you like to come with me? → J'ai deux tickets pour *Mamma Mia* samedi soir. Ça te dirait de venir avec moi ?

I was going to check out this art opening on Saturday night. Do you want to go with me? → J'avais envie d'aller faire un tour au vernissage de cette expo samedi. Tu veux venir avec moi ?

I was wondering if you'd like to see a movie with me this weekend? → Je me demandais si ça te dirait d'aller voir un film avec moi ce week-end.

If you're free, I'd really like to go out with you on Friday. → Si tu es libre, j'aimerais beaucoup sortir avec toi vendredi.

If you're free on Saturday afternoon, we could go ice-skating. → Si tu es libre samedi après-midi, on pourrait aller à la patinoire.

You love hiking? I know a great place in the mountains. Maybe we could go this week-end if you're not busy. → Tu aimes la randonnée ? Je connais un endroit super à la montagne. On pourrait peut-être y aller ce week-end si tu es libre.

Let me give you my mobile number. → Attends, je te donne mon numéro.

Would you like to have dinner with me on Saturday night? → Ça te dirait qu'on dîne ensemble samedi soir ?

Would you like to meet up for a drink? → Ça te dirait qu'on se retrouve pour boire un verre ?

Would you like to meet up sometime outside work for a drink or a bite? → Tu veux qu'on se voie après le boulot pour boire un verre ou manger un morceau ?

You're a great dancer! Maybe you could come with me to my salsa class tonight? → T'es un super danseur !

Tu pourrais peut-être venir avec moi à mon cours de salsa ce soir ?

Le look à adopter

Tonight you're gonna be absolutely fabulous (ce soir, tu seras absolument fabuleux / fabuleuse) ! Mesdemoiselles, sortez le grand jeu et **get dolled up**, et messieurs, suivez les conseils de Barney (personnage de la série *How I Met Your Mother*) **and suit up** (sortez le costard) !
C'est donc le moment de sortir les **glad rags** (vos meilleures fringues) :

A blazer → un blazer
A bum-freezer → une jupe ultra-courte (littéralement qui « gèle les fesses », *freezes the bum*)
To get dolled up → se mettre sur son 31
Heels → des talons hauts
LBD / little black dress → la petite robe noire (élément indispensable à toute garde-robe féminine, parfaite pour un premier rendez-vous)
Make-up → le maquillage
A sexy dress → une robe sexy
Stilettos → des talons aiguilles
A suit → un costard

To suit up → se mettre sur son 31, enfiler un costume
A tie → une cravate (est-ce vraiment nécessaire ?)
A tux / a tuxedo → un smoking

N'en faites tout de même pas trop, vous risqueriez de finir par avoir l'air **tarted up** ou **dressed like a scarecrow** (sapé comme un épouvantail).

Ne vendons pas la peau de l'ours avant de l'avoir tué, mais si la soirée se termine bien, mieux vaut accorder un peu d'importance à ses sous-vêtements aussi. Messieurs, on vous demandera simplement d'éviter les **Y-fronts** (slips kangourou) et autres empruntés à votre grand-père. Pour ces demoiselles, c'est un peu plus compliqué :

A bra → un soutien-gorge
Cheekies → une culotte ou un shorty qui dévoile joliment les fesses
Going commando → ne pas porter de sous-vêtements
A corset → un corset
Fishnet stockings → des bas résille
A garter → une jarretière
Lace → de la dentelle
Panties → une culotte
A push-up bra → un soutien-gorge push-up

Sexy undies → des sous-vêtements sexy
Silk stockings → des bas en soie
Stockings / hold-ups → des bas
A suspender belt → un porte-jarretelles
A thong / a V-string → un string
Tights → des collants
Undies → les sous-vêtements

Premier rendez-vous

•

Dîner aux chandelles

Tous vos efforts ont été récompensés : il ou elle a accepté votre invitation et votre premier rendez-vous est prévu pour… maintenant ! Vous avez sorti le grand jeu, êtes sur votre 31, direction le resto pour **a romantic dinner**, un dîner romantique dans les règles de l'art, ce qui veut dire **candlelights, champagne, and flowers** (bougies, champagne et fleurs) !

Commençons par le début : le choix du restaurant.

To book a table → réserver une table
A cruising restaurant → un restaurant sur une péniche ou un bateau, qui fait une petite croisière pendant le repas
A fancy restaurant → un restaurant à la mode
A picknick on the beach → un pique-nique sur la plage
By the sea → en bord de mer
At sunset → au coucher de soleil

Où et quand se retrouver ?

To be fashionably late → être en retard, juste le temps qu'il faut pour ne pas être impoli tout en ayant l'air d'avoir une vie bien remplie
To meet up at the restaurant → se retrouver au restaurant
To pick someone up → passer prendre quelqu'un
I'll pick you up at 8. → Je passe te prendre à 8 h.

On commande ?

To read the menu → lire le menu
I'll have the same as you. → Je vais prendre la même chose que toi.
What are you having? → Qu'est-ce que tu prends ?
Would you like some wine? → Tu veux du vin ?

Si vous vous demandez quoi commander, voici **some aphrodisiac food**, quelques aliments aphrodisiaques qui pourraient vous aider dans votre choix, voire vous aider à conseiller **your date** (votre partenaire) :

Asparagus → des asperges
Avocados → des avocats
Caviar → du caviar
Celery → du céleri
Chocolate → du chocolat

Figs → des figues
Garlic → de l'ail (aphrodisiaque, mais pas idéal pour l'haleine, quel dilemme !)
Ginger → du gingembre
Honey → du miel
Oysters → des huîtres
Watermelon → une pastèque

Si pendant le repas, vos pieds jouent à s'effleurer sous la table, **you're playing footsie**. En fin de soirée vient le moment de la douloureuse, **the bill** ou **check**, et souvent du **tab o'war**, c'est-à-dire de la petite bataille qui décidera de qui va payer l'addition

To fight over who will pay the bill → se disputer pour savoir qui paiera l'addition
To pay the bill → payer l'addition
To play footsie with someone → faire du pied à quelqu'un
Tab o'war → le moment où l'on se dispute pour savoir qui va payer

Rendez-vous ciné

Vous avez opté pour **a more casual date** (un rendez-vous plus décontracté) : **the movies, a concert or some show** (le cinéma, un concert ou un autre spectacle). Ce n'est pas une raison pour ne pas faire attention à votre tenue, mais on vous laisse vous référer au chapitre concerné à ce sujet.

Concentrons-nous sur le cinéma. Quel film choisir ? Qui choisit ? Bonnes questions :

I'll let you chose the movie. → Je te laisse choisir le film.

I thought we could go and see *Love Actually*. → Je me disais qu'on pourrait peut-être aller voir *Love Actually*. (À adapter à la situation, les adeptes de films d'horreur ne seront pas forcément emballés par les comédies romantiques.)

What kind of movie would you like to see? → Quel genre de film tu voudrais aller voir ?

An action film → un film d'action

An adventure film → un film d'aventure

An animation film → un film d'animation

A comedy → une comédie

A drama → un drame

A horror film → un film d'horreur

A love story → un film d'amour
A musical → une comédie musicale
A romantic comedy → une comédie romantique
A science fiction film → un film de science-fiction
A war movie → un film de guerre

Et pendant le film, **you can** (vous pouvez) :

Hold his/her hand → lui prendre la main
Put your arm around her → passer votre bras autour d'elle
Lay your head on his shoulder → poser la tête sur son épaule
Kiss him/her → l'embrasser

Un peu de romantisme

Un peu fleur bleue ou prêt à tout pour le/la conquérir, le romantisme ne vous fait pas peur. Voilà quelques idées à creuser :

Celebrating Valentine's day → fêter la Saint-Valentin
Going on a mini-break → partir en week-end
Offering flowers → offrir des fleurs (pour les choisir, jetez un œil à la liste qui suit)

Preparing a romantic dinner → préparer un dîner aux chandelles
Taking him/her on a stroll by night → l'emmener faire une balade la nuit (choisissez quand même un endroit sympa)
Watching the sunset → regarder le coucher de soleil
Writing a love letter → écrire une lettre d'amour

Pour ne pas se tromper quand on envoie des fleurs, familiarisons-nous avec le langage des fleurs :

Acacia blossom → les fleurs d'acacia symbolisent l'amour caché, l'amour chaste
Ambrosia → l'ambroisie symbolise l'amour réciproque
Arbutus → l'arbousier signifie « tu es mon seul amour »
Camellia → le camélia, des fleurs à offrir à un homme
Pink camellia → le camélia rose signifie « tu me manques »
Red camellia → le camélia rouge symbolise l'amour ardent
Red carnation → l'œillet rouge symbolise la passion
Striped carnation → l'œillet rayé symbolise le refus, le rejet
White carnation → l'œillet blanc symbolise la passion fidèle, l'amour pur
Forget-me-not → le myosotis symbolise l'amour sincère ou le souvenir (signifie littéralement « ne m'oublie pas »)
Gardenia → le gardénia symbolise l'amour secret
Ivy → le lierre symbolise la fidélité

Jonquil → la jonquille symbolise une demande de retour d'affection

Mistletoe → le gui signifie « embrasse-moi »

Myrtle → la myrte symbolise l'amour

Orchid → l'orchidée symbolise l'amour et le désir

Pink rose → la rose rose symbolise l'amour véritable et tendre

Red rose → la rose rouge symbolise l'amour-passion

White rose → la rose blanche symbole de celui qui ne sait pas aimer

Yellow rose → la rose jaune symbolise la jalousie ou l'infidélité

Tulip → la tulipe symbolise la déclaration d'amour

Red tulip → la tulipe rouge symbolise l'amour éternel

Yellow tulip → la tulipe jaune symbolise l'amour sans espoir

De quoi on parle ?

•

Apprendre à se connaître

Après tous ces efforts, essayez de tirer le maximum de ce rendez-vous, de le/la séduire, mais aussi d'en savoir un peu plus sur lui ou sur elle. Tout en évitant d'être **an askhole** en posant des tonnes de questions toutes aussi inintéressantes les unes que les autres, il va falloir lui montrer que vous vous intéressez à elle et rester léger pour ce premier rendez-vous :

I want to know everything about you. → Je veux tout savoir de toi.

Do you have pets? → Tu as des animaux de compagnie ?

Have you been living in town for long? → Ça fait longtemps que tu habites ici ?

If you could live wherever you want, what country would you chose? → Si tu pouvais vivre où tu veux, tu choisirais quel pays ?

If you had a million euros, what would you do? → Si tu avais un million d'euros, tu en ferais quoi ?

We could go to the movies some time. What kind of films do you like? → On pourrait aller au cinéma un de ces jours. Tu aimes quel genre de films ?

What do you do for a living? → Tu fais quoi dans la vie ?
What's your dream job? → C'est quoi le boulot de tes rêves ?
Where did you grow up? → Où est-ce que tu as grandi ?
Where did you spend your last holiday? → Où as-tu passé tes dernières vacances ?

Vous pouvez aussi vous inspirer des questions proposées dans la section dédiée au speed dating page 58.

Parler de soi

Si vous avez envie de lui poser des questions, il y a fort à parier que lui ou elle aussi voudra en savoir un peu plus sur vous. C'est le moment de bien choisir ce que vous allez dire : ne vous faites pas trop mousser, mais évitez les révélations qui vont la faire fuir (il est encore trop tôt pour lui dire que votre mère vous prépare le petit déjeuner tous les matins, par exemple).
Don't be a job talker, don't keep complaining about your ex, and avoid telling him/her about your whole life, from the cradle to right now : ne passez pas votre temps à lui parler de boulot, à vous plaindre de votre ex et ne lui racontez pas votre vie dans le détail depuis votre plus tendre enfance.

Commençons par évoquer les possibles réponses aux questions posées dans le chapitre précédent :

I've got a cat. She's called Arwen, she's so cuddly. → J'ai un chat. Elle s'appelle Arwen, elle est très affectueuse.

I have a dog, Fluffy. He's a bit crazy but so funny. I'm sure he'd love you. → J'ai un chien, Fluffy. Il est un peu dingue, mais tellement drôle. Je suis sûr(e) qu'il t'adorerait.

I've just arrived in town, I was living in Paris before. → Je viens juste d'arriver en ville. Je vivais à Paris avant.

I've always dreamed of living in New York and here I am! → J'ai toujours rêvé de vivre à New York et maintenant j'y suis.

If I was rich, I would help all the children in the world who are starving to death. → Si j'étais riche, j'aiderais tous les enfants du monde qui meurent de faim.

If I was rich, I would buy a desert island and build a palace for us. → Si j'étais riche, j'achèterais une île déserte et j'y construirais un palais pour nous.

If I was rich, I would travel round the world. → Si j'étais riche, je ferais le tour du monde.

I've come here to study astrophysics. → Je suis venu pour étudier l'astrophysique.

I work in a bank, but let's not talk about work. → Je travaille dans une banque, mais ne parlons pas de travail.

I grew up in the countryside in the North of France. → J'ai grandi à la campagne, dans le nord de la France.

I grew up in the Alps, I've spent whole winters skiing and playing in the snow. → J'ai grandi dans les Alpes, j'ai passé mes hivers à skier et jouer dans la neige.

I've been to Argentina last summer, for a hiking tour of Patagonia. → Je suis allé en Argentine l'été dernier, faire de la randonnée en Patagonie.

I was in Ibiza for a week last month, I spent my time partying and sleeping. It was great. → Je suis allé à Ibiza pendant une semaine le mois dernier. J'ai passé mon temps à faire la fête et dormir. C'était super.

Et si vous ne parvenez pas à échapper aux questions sur votre ex :

He/She left me broken-hearted but I'm over it. I'm ready to move on now. → Il/Elle m'a brisé le cœur en me quittant, mais je m'en suis remis. Je suis prêt à aller de l'avant.

I left him/her 'cause he/she was cheating on me. → Je l'ai quitté(e) parce qu'il/elle me trompait.

We broke up about a year ago but I'd rather not talk too much about it. I prefer to hear about you. → On s'est séparé il y a un an, mais je ne préfère pas trop en parler. Je préfère que tu me parles de toi.

We were just not made for each other. → On n'était tout simplement pas faits l'un pour l'autre.

Faire des compliments

Les compliments, ça n'est pas toujours facile, surtout quand ça s'adresse à un mec, avouons-le. Voici quelques idées, à adapter selon l'humeur du moment et bien sûr à leur destinataire :

I could listen to you for hours on end. I love your voice. → Je pourrais t'écouter pendant des heures. J'adore ta voix.

I feel bewitched when you look at me in the eyes. → Je me sens ensorcelé quand tu me regardes dans les yeux.

I love the way you dress. → J'aime ta façon de t'habiller.

I love this outfit. It's perfect on you. → J'adore ta tenue. Ça te va bien.

I love your new haircut. You look great. → J'aime bien ta nouvelle coupe de cheveux. Ça te va bien.

I love your stories. Your life is fascinating. → J'adore tes histoires. Ta vie est fascinante.

You look fabulous in that dress. → Tu es fabuleuse dans cette robe.

You're a great dancer. → Tu danses bien.
You're gorgeous tonight. → Tu es sublime ce soir.
You're so beautiful when you smile. → Tu es tellement belle quand tu souris.
You're so funny. → Tu es tellement drôle.
You're very sexy tonight. → Tu es très sexy ce soir.
Your eyes are beautiful. → Tu as de très beaux yeux.
Your smile is enchanting. → Je me sens envoûté par ton sourire.

Fin de soirée

•

Flirt et premier baiser

La soirée se passe plutôt bien, vous avez fini de dîner ou le film est terminé. Pourquoi ne pas faire une petite balade au clair de lune pour ne pas rentrer tout de suite et **spend some more time together** (passer un peu plus de temps ensemble) :

The first kiss → le premier baiser
To flirt → flirter
To get close → se rapprocher
To go for a stroll by night → aller se promener la nuit
To go for a stroll in the moonlight → aller se promener au clair de lune
To hold hands → se tenir la main
To hold someone in your arms → tenir quelqu'un dans ses bras
To kiss → s'embrasser
To walk hand in hand → marcher main dans la main
With his arm around my shoulder → avec son bras autour de mes épaules

I don't want to end the evening now, let's go for a stroll. → Je n'ai pas envie que la soirée se termine maintenant, allons faire un tour.

I've been thinking about kissing you all night, I have to do it now. → Je n'ai pas arrêté de m'imaginer en train de t'embrasser ce soir, maintenant je dois le faire.

Would you mind if I kissed you? → Ça te dérange si je t'embrasse ?

Would you like to go for a walk along the shore? → Ça te dit qu'on aille se balader le long de la plage ?

Et après ? On s'appelle

Tout s'est passé à merveille, mais il est encore un peu tôt pour lui proposer de la raccompagner ou lui demander de vous raccompagner chez vous. C'est plutôt le moment d'échanger vos numéros de téléphone et de programmer le prochain rendez-vous.

Can I have your phone number? → Je peux avoir ton numéro ?

Do you want to give me your phone number? So I can call you and arrange things for the movies this week-end. → Tu veux bien me donner ton numéro ?

Pour que je puisse t'appeler et organiser notre sortie ciné ce week-end.

I had a really great night. I'd love to see you again, if that's alright by you. → J'ai passé une super soirée. J'aimerais te revoir, si ça te dit.

Let me give you my phone number. → Laisse-moi te donner mon numéro de téléphone.

Let's go for a brunch on Sunday. I'll book a table somewhere nice. → On pourrait aller bruncher dimanche. Je vais réserver une table dans un endroit sympa.

Would you like to have dinner at my place next time? I'll cook. → Ça te dirait de venir dîner chez moi la prochaine fois ? C'est moi qui cuisine.

Et après ? On passe aux choses sérieuses...

Les choses se passent plus que bien et vous avez l'air aussi emballés l'un que l'autre par cette soirée. Si vous avez envie de la même chose, laissez-vous aller. Raccompagnez-la chez elle, invitez-le chez vous, un dernier verre est toujours bienvenu.

Do you want to come up for a drink? → Tu veux monter pour prendre un verre ?

I hate to have breakfast alone. Maybe you can stay at my place and we'll have breakfast together tomorrow? → Je déteste prendre mon petit-déjeuner tout seul. Tu peux peut-être rester chez moi et on prendra le petit-déjeuner ensemble demain ?

I'll drive you home. It's not safe for a sexy girl like you to walk home alone. → Je vais te reconduire chez toi. C'est dangereux qu'une fille aussi sexy que toi rentre seule chez elle à pied.

I'm afraid of going home alone. Can you come with me? → J'ai peur de rentrer toute seule. Tu peux me raccompagner ? (Messieurs, évitez d'adapter celle-là à votre cas, ça risque de ne pas avoir l'effet escompté.)

It's late. I should go home. And you too. What about going to my place? → Il est tard. Je devrais rentrer. Et toi aussi. On va chez moi ?

I've redecorated my room. Do you want to see it? → J'ai refait la déco de ma chambre. Tu veux voir ?

There's a bottle of champagne in my fridge that's been waiting to get opened. Let's drink it together. → Il y a une bouteille de champagne dans mon frigo qui n'attend que d'être ouverte. On la boit ensemble ?

Would you like to have a drink at my place? → Ça te dirait de prendre un verre chez moi ?

You live really far away, maybe you could stay at my place tonight. There's some spare room in my bed. → Tu habites vraiment loin, tu pourrais peut-être rester chez moi ce soir. Il y a de la place dans mon lit.

LE SEXE

Petit cours d'anatomie

•

Les femmes

Faisons d'abord un petit tour du vocabulaire commun relatif au corps avant de passer à quelques points plus précis :

Short/long hair → les cheveux courts/longs
Face → le visage
Eyes → les yeux
Cheeks → les joues
Nose → le nez
Lips → les lèvres
Tooth, teeth → une dent, les dents (attention au pluriel irrégulier, comme *goose* et *geese*, une/des oies… même si ce terme risque peu de vous servir pour draguer)
Neck → le cou
Shoulders → les épaules
Bosom / breasts → les seins
Nipples → les tétons
Arms → les bras
Hands → les mains
Fingers → les doigts
Nails → les ongles

Back → le dos
Belly / stomach → le ventre
Behind / bottom / buttocks → le derrière, les fesses
Crotch → l'entrejambe
Genitals → les organes génitaux
Vagina → le vagin
Uterus / womb → l'utérus
Legs → les jambes
Thighs → les cuisses
Knees → les genoux
Calf, calves → un mollet, les mollets
Ankles → les chevilles
Foot, feet → un pied, les pieds

Revenons sur la poitrine avec quelques termes plus crus, imagés ou grivois (à utiliser entre mecs par exemple) :

Airbags / bazookas / melons / torpedoes → obus, gros lolos
Baps UK **/ boobs / boobies / bumpers / hooters** US **/ jugs** !! **/ knockers** !! **/ milk bottles / tits** !! **/ titties** !! → les nichons, nibards, roberts
Boob job / fake tits !! **/ falsies** → des faux seins
To have a boob job → se faire refaire les seins
She's a big girl. / She's a busty lady. / She's well-stacked. / You don't get many of those to the pound. UK → Il y

a du monde au balcon. (L'expression britannique signifie littéralement qu'« on a peu de pièces au poids », c'est-à-dire que chaque sein pèse lourd.)

Check out the rack on that. → Mate un peu ces nichons.

Continental shelf → le creux des seins

The movie was all tits and ass. → Le film était plein de femmes à poil.

Et de dos, ça donne quoi ?

Apple bottom / juggernaut (UK) → un gros cul

Arse (!!) (UK) / **ass** (!!) (US) / **backside / booty / bum / buns** (US) / **butt** (US) / **fanny*** (US) / **patoot** → le cul, les fesses

Badonkadonk → un postérieur délicieusement généreux

Buttcrack → la raie du cul

Tramp stamp → un tatouage qui se situe en bas du dos, juste au-dessus des fesses

Passons aux choses sérieuses :

Beaver (!!) / **clam** (!!) / **crack** (!!) / **cunt** (!!) / **fanny*** (!!) (UK) / **jelly roll** (!!) **(Black US)** / **muff** (!!) / **pussy** (!!) / **slint** (!!) / **snatch** (!!) → la chatte, le con

(Black US = l'anglais noir américain)

Bush / furpie (!!) **/ fur burger** (!!) **/ hairburger** (!!) **/ hairpie** (!!) **/ hairy pussy** → une chatte poilue
Button (!!) **/ clit** (!!) **/ clitoris** → le clitoris
Pubes / pubic hair → les poils pubiens
Vajayjay → le vagin

* Attention à *fanny* qui signifie « cul » en anglais américain et « chatte » en anglais britannique.

Les hommes

Une grande partie du vocabulaire de base est le même pour les hommes que pour les femmes, on ne reviendra donc pas dessus. Voilà tout de même quelques termes généraux à retenir avant de développer un peu :

Adam's apple → la pomme d'Adam
Chest → la poitrine
Crotch → l'entrejambe
Genitals → les organes génitaux
Penis → le pénis
Testicles → les testicules

En ce qui concerne les fesses, on peut également s'inspirer du chapitre précédent dédié aux dames. Passons donc aux bijoux de famille :

Balls (!!) / **bollocks** (UK) (!!) / **nuts** (!!) → les couilles
To bang the bishop (!!) / **to bash the bishop** (UK) (!!) / **to beat one's meat** (!!) / **to choke the chicken** / **to jerk off** (US) (!!)/ **to milk one's rod** (!!) / **to play with oneself** / **to spank the monkey** / **to toss oneself off** (UK) (!!) / **to wank** (UK) (!!) → se branler
Cock (!!) / **dick** (!!) / **knob** (UK) (!!) / **prick** (!!) / **rod** (!!) / **schlong** (US) (!!) / **shaft** (!!) → la bite, la queue
Johnson (US) / **peter** (US) / **willy** → le zizi
To have blue balls (!!) → avoir les couilles pleines

Et un petit dernier, inclassable :

Moobs → les seins chez un homme un peu enrobé (de *man boobs*)

Détails techniques d'importance

•

Se protéger

Avant toute chose, rappelons l'importance d'avoir des rapports sexuels protégés quelles que soient les circonstances. Faisons un petit tour de tout ce à quoi vous échapperez grâce à un simple **condom** (un préservatif) :

AIDS / HIV virus → le sida, le virus HIV
Candidiasis / thrush → la candidose, mycose (champignon)
Chancroid → le chancre mou (bactérie)
Chlamydia infection → le chlamydia (bactérie)
Clap / gonorrhea → la blennorragie, la gonorrhée (bactérie)
Crab louse / crabs / pubic louse → le pou du pubis, le morpion (parasite – il est rarement seul et au pluriel, *louse* donne *lice*)
Granuloma inguinale → un granulome inguinal (bactérie)
Hepatitis B virus / viral hepatitis → l'hépatite B (virus)
Herpes simplex → l'herpès (virus)
Human papillomavirus → le virus du papillome humain
Molluscum contagiosum / water warts → molluscum contagiosum (virus)

Scabies / the seven-year itch → la gale (parasite)
STD / sexually transmitted diseases → les MST, maladies sexuellement transmissibles, ou IST, infections sexuellement transmissibles
Syphilis → la syphilis (bactérie)
Veneral diseases → les maladies vénériennes

Une seule solution : le préservatif.

Bareback → sans préservatif (inutile de préciser que ce n'est pas une option, mais on le dit quand même.)
Condom / glove / jimmy hat / johnny UK **/ raincoat / rubber** → un préservatif, une capote
Condominium → le problème qui se pose quand on a du mal à trouver une capote.
To double-bag → utiliser deux préservatifs (à proscrire !!!)
Flavored condom → un préservatif parfumé
Lubricated condom → un préservatif avec lubrifiant
Female condom → un préservatif féminin
French letter → une capote anglaise (une fois de plus, on constate la réputation sulfureuse des Français à l'étranger.)
French ticklers / Textured condom → un préservatif texturé

To hit it raw (!!) → le faire sans capote (au risque de se répéter, *no way!*)
HIV test → un test de dépistage
Lube / lubricant → du lubrifiant
Reservoir tip / teat end → un réservoir
Teat-ended condom → un préservatif avec réservoir
Unprotected sex → sexe sans protection

Quelques rimes à retenir pour ne pas oublier l'essentiel (on perd les rimes en français, mais l'idée est là) :

No glove, no love. → Pas de capote, pas de sexe.
Don't be silly, wrap you willy. → Ne sois pas idiot, emballe Popaul.
Don't be a fool, wrap your tool. → Ne fais pas l'imbécile, emballe ton outil.
Before you spank her, cover your wanker. → Avant de lui donner la fessée, couvre ton engin.
If there's gonna be affection, cover your erection. → Si tu tiens à elle, couvre ton érection.
They're only a buck, get one before you fuck. → Ça ne coûte qu'un euro, prends-en un avant de baiser.
Dont be stupid, wear a fucking condom. → Ne sois pas stupide, mets une putain de capote.

La contraception

En plus de vous protéger contre les MST, le préservatif est aussi un des nombreux moyens de contraception qui permet d'éviter des effets pas toujours désirables :

An abortion → un avortement, une IVG
To have an abortion → se faire avorter
Baby / brot / rascal / snapper → un bébé, un mioche
Pregnancy → une grossesse
Pregnant → enceinte

Une fois passé le test de dépistage du HIV, vous pouvez vous débarrasser du préservatif et donc passer à un autre de ces moyens de contraception :

Birth control pill → la pilule contraceptive
Contraceptive sponge → l'éponge spermicide
Diaphragm → le diaphragme
Female condom → le préservatif féminin
Intrauterine device → le stérilet
Male condom → le préservatif masculin
Morning after pill → la pilule du lendemain (solution d'urgence)
Vaginal ring → l'anneau vaginal

Vatican roulette → la roulette vaticane, méthode de contraception naturelle (et peu fiable) basée sur le retrait ou la température, l'une des seules acceptées par l'Église catholique comme le suggère son nom

C'est chaud !

•

Le désir

Maintenant que vous savez tout de son anatomie, vous n'avez plus qu'une idée en tête : passer chacune des parties de son corps en revue IRL (**in real life**), **you want him/her so bad** (vous avez tellement envie de lui/elle) !

Desire → le désir
To be gagging for it UK / **to be horny as hell** → avoir le feu au cul, être très excité
To give someone the horn UK (!) / **to make someone horny / to sex someone up / to turn someone on** → exciter quelqu'un (attention, aux États-Unis, *to get on the horn to someone* signifie « passer un coup de fil »)
To be horny / to be randy UK → être excité
To be turned on by someone → être excité par quelqu'un

Passons aux manifestations physiques du désir :

Lady boner (!) / **ladywood** → excitation sexuelle féminine
Love juice → sécrétions dues à l'excitation
To be wet (!) / **to get moist / to get wet** → mouiller

To have an erection / to have a woody → avoir une érection

To get hard (!!) / **to get wood** (!!) → bander

To have a boner (!!) / **to have a hard-on** (!!) / **to have a stiffy** (UK) (!!) → bander, avoir la trique

Oups ! Un petit problème de panne :

To have boner shock → débander suite à un choc, un événement ou quelque chose dit par votre partenaire

To have the brewer's droop → bander mou à cause de l'alcool

To have the droop / to go all limp / to lose one's hard-on (!!) → débander

To have a semi → bander mou

To go flaccid / to go floppy → perdre son érection

It happens to everyone. → Ça arrive à tout le monde.

Les préliminaires

Les anglophones aiment employer une métaphore sportive empruntée au baseball pour désigner chacune des étapes menant au sexe. Dans ce chapitre, nous nous intéressons aux préliminaires, **foreplay**, et nous apprêtons à **get to first base, second base, and third base** (atteindre le premier, deuxième et troisième stade) pour **hit a home run** (marquer un but en quelque sorte) dans le prochain.

Commençons doucement avec des câlins et des baisers :

To get to first base → « atteindre le premier stade », celui du baiser
To cuddle → câliner
To kiss / to smack (US) → embrasser
A French kiss / a Yankee dime (US) → un baiser avec la langue (les Français sont à l'honneur)
To french / to French kiss / to make out (US) **/ to scam** (!) **/ to smooch / to snog** (UK) **/ to suck face** (US) **/ to tongue** → se rouler des pelles
To get on someone → embrasser quelqu'un fougueusement / coucher avec quelqu'un
To play tonsil hockey → se rouler des pelles (on reste dans les métaphores sportives, littéralement « jouer au hockey avec les amygdales », *tonsils*)

Tout ça n'est qu'un début et voici les contacts plus charnels :

To get to second base → « atteindre le deuxième stade », celui du contact

To bite → mordre
To caress / to fondle → caresser
Erogenous zones → les zones érogènes
Get 'em off. → Enlève tes vêtements.
To give an earjob to someone → caresser, lécher, mordiller l'oreille de l'autre
To feel up each other / to grope each other → se peloter
Gently / tenderly → tendrement
To give a spanking → donner une fessée
To grope someone's arse/ass (!!) → peloter le cul de quelqu'un
To lick → lécher
Naughty → coquin
To paw → peloter
Roughly → brutalement
To whisper → murmurer
To strip / to strip off → se déshabiller
To talk dirty → dire des mots coquins
To tease → titiller

Et on arrive en dessous de la ceinture :

To get to third base → « atteindre le troisième stade », celui de l'excitation sexuelle

To beat a guy off (!!) / **to give a guy a handjob** (!!) → branler un mec

A BJ (!!) / **a blowjob** (!!) / **a gobby** (!!) → une pipe

To blow a guy (!!) / **to bob head** (!!) / **to give him brains** (!!) / **to give him head** (!!) / **to gobble him** (!!) /**to suck him (off)** (!!) → sucer un mec, lui tailler une pipe

Bracejob → une pipe (*blowjob*) faite par quelqu'un qui porte un appareil dentaire (*braces*)

To come down (!!) / **to go down on someone** (!!) / **to eat** (!!) → sucer un mec, lécher une nana

A cunnilingus → un cunnilingus

To go downtown (!!) / **to lick out** (!!) / **to go muff-diving** (!!) → lécher une nana, lui faire un cuni

A fellatio → une fellation

To finger a woman (!!) → caresser le sexe d'une femme

A French fuck UK (!!) / **a titty fuck** US (!!) / **a titfuck** US (!!) / **a tit wank** UK (!!) → une branlette espagnole, une cravate de notaire

A handqueen (!!) → une nana qui est douée de ses mains.

Hoochie coochie / hoochy coochy → des jeux sensuels et sexuels

An intern (!!) / **a Lewinski** (!!) → une pipe (en référence à l'affaire Lewinski/Clinton)

Sexual arousal → excitation sexuelle

A sixty-nine / a 69 → un 69

To spit → cracher
To swallow → avaler

La position

Rentrons dans le vif du sujet, c'est le moment de **hit a home run**, de passer à l'action.

To hit a home run → s'envoyer en l'air
To bang (US) (!!) **/ to bed / to boink** (US) **/ to bone** (!!) **/ to bonk** (UK) **/ to do / to fuck** (!!) **/ to hump** (!!) **/ to nail** (!!) **/ to screw** (!!) **/ to scromp** (!!) **/ to shag** (UK) (!!) → baiser ou baiser avec quelqu'un
To break off with someone → se faire une bonne partie de jambes en l'air avec quelqu'un
To do it / to do the horizontal bop / to fool around / to get laid / to get lucky / to get some booty / to go all the way / to have a roll in the hay / to hit skins / to hizzit the skizzins → s'envoyer en l'air
A jiffy stiffy (!!) → un coup vite fait
To know someone in the biblical sense → connaître quelqu'un bibliquement
To make the beast with two backs → faire la bête à deux dos (cette expression vient d'une pièce de Shakespeare, *Othello*)

Miss onaire, amazone, levrette, vous optez pour quelle position ?

Balls deep (!!) → bien profond
To beat cakes / to beat cheeks / to shine it → baiser en levrette
The butterfly position → la position du papillon
The cowgirl → l'Andromaque
Doggy style → en levrette
To have a knee-trembler → le faire debout
The lap dance → la position du *lap dance*
The lotus position → l'union du lotus
The missionary position → le missionnaire
The spoons position / spooning → les petites cuillères ou le 99
The spreadeagle → la position de l'aigle

Pour rester dans la métaphore du baseball, voici le cinquième stade :

To get to fifth base → « atteindre le cinquième stade », celui du sexe anal
To bugger (!!) **/ to bum fuck** (!!) **/ to butt fuck** (!!) **/ to fuck up the arse/ass** (!!) → enculer
Bum fun (!!) → sexe anal

To sodomize → sodomiser

Que dire dans le feu de l'action ?

Ça a beau ne pas être le moment idéal pour discuter, pendant l'amour, vous pouvez tout de même avoir envie de guider votre partenaire, de lui dire ce que vous aimez ou de redonner une petite touche de piquant à tout ça. Voilà donc quelques phrases ou expressions qui pourront vous servir à l'occasion :

Does that feel good? → C'est bon ?
Don't stop. → T'arrête pas.
Faster. → Plus vite.
Go deeper. → Plus profond.
I love making love to you, baby. → J'aime te faire l'amour, bébé.
Keep going. → Continue.
Kiss me. → Embrasse-moi.
More downward. → Plus bas. / Descends.
More on the left. → Plus à gauche.
More on the right. → Plus à droite.
More upward. → Plus haut. / Remonte.
Oh baby! Yes! → Oh oui, bébé !

Should we put some music on? → Tu veux qu'on mette un peu de musique ?
Slower. → Doucement. / Ralentis.
Talk dirty to me. → Dis-moi des choses cochonnes.
That feels so good. → C'est bon.
Yeah, just right here. → Oh oui, juste là.
You like that? → Tu aimes ça ?
You're so beautiful. → Tu es tellement belle.
Your body's so hot. → Tu es tellement sexy.

Le septième ciel

Tout se passe à merveille et voici le grand final, **the climax** (qui signifie « point culminant », mais aussi, et surtout, « orgasme ») :

To climax / to orgasm / to reach orgasm → jouir, avoir un orgasme
Climax / orgasm → l'orgasme
To come / to come off / to cum (!!) **/ to get off** → prendre son pied, jouir
Come / seeds / semen / sperm → le sperme
Cum (!!) **/ spunk** (!!) → le foutre
To ejaculate / to shoot one's load (!!) → éjaculer
To get one's kicks → prendre son pied

To make someone come → faire jouir quelqu'un
To send someone to seventh heaven → envoyer quelqu'un au septième ciel

Et voilà, vous vous sentez pousser des ailes, vous vous sentez merveilleusement bien, le sourire aux lèvres, léger comme l'air :

To have the JFL / to have the jiffles → avoir l'air de quelqu'un qui vient juste de s'envoyer en l'air, le cheveu en bataille, le maquillage défait, mal rhabillé et le rose aux joues (*JFL = just fucked look*)
To be in seventh heaven → être au septième ciel
To be on cloud nine → être aux anges
To be on top of the world → être aux anges, littéralement « être au sommet du monde »
To be over the moon → être aux anges, littéralement « sauter au-dessus de la lune »
To be walking on air → être aux anges, littéralement « marcher sur l'air »

Tout ne s'est pas tout à fait passé comme prévu, mais vous n'avez pas envie que votre partenaire s'en rende compte ?

To fake it → simuler

To fake orgasm / to feign orgasm / to simulate orgasm

→ simuler un orgasme

Après une nuit de folie

•

Que dire au réveil ?

Vous venez de passer une nuit géniale (ou pas) et voilà le moment où vous vous réveillez le lendemain matin, un peu gêné et ne sachant trop quoi faire ou quoi dire. Plusieurs solutions : remettre le couvert, partager un petit déjeuner, prendre une douche vite fait avant de s'échapper ?

Did you sleep well? → Tu as bien dormi ?

Did you have sweet dreams? → Tu as fait de beaux rêves ?

Do you mind if I use your bathroom? / if I take a shower? → Ça te dérange pas si j'utilise ta salle de bains ? / si je prends une douche ?

To have some morning sex → faire l'amour au réveil

Hungry? → Tu as faim ?

I thought it was only a dream and here you are! → Je croyais que j'avais rêvé et te voilà !

Morning sex → le sexe matinal

Reserection → « résérection », une érection matinale (de *resurrection* et *erection*)

Want some breakfast? → Ça te tente, un petit déj' ?

Parfois, mieux vaut se taire plutôt que dire ça :

You're on birth control, right? → Tu prends un contraceptif, pas vrai ? (En espérant qu'il plaisante et qu'un emballage de préservatif traîne dans le coin.)

That video is going to get so many hits online! → Cette vidéo va cartonner sur le web ! (Vous ne vous connaissez pas encore assez pour ce genre de blague.)

What's your name again? → C'est quoi ton nom, déjà ? (Oups…)

I love you. → Je t'aime. (Il n'est pas un peu tôt pour ça ?)

I always knew my first time would be awesome! → J'ai toujours su que ma première fois serait géniale ! (Pourquoi pas à 16 ans, flippant à 25 ans.)

You're almost as good as your sister/brother. → Tu es presque aussi douée que ta sœur/ton frère. (Les comparaisons ne sont jamais une bonne idée, positive ou négative, surtout avec des proches.)

Sorry, I have to answer this call, it's my boyfriend/girlfriend. → Désolé(e), je dois répondre, c'est mon copain/ma copine. (Mauvaise nouvelle…)

So, you want to go down on me or what? → Alors tu me suces ou quoi ? (Sans commentaire.)

S'échapper en toute discrétion

Il est temps de vous sauver et dans la mesure du possible, vous préféreriez le faire avant qu'il ou elle se réveille. Ça n'est certes pas très élégant, mais vous préfèrez que tout ça ne reste que **a one-night stand** (un coup d'un soir) et un simple bonjour pourrait devenir **awkward** (gênant). Si vous ne voulez pas que le retour se transforme en **walk of shame** (un retour à la maison de bon matin, en habit de soirée et l'air coupable, qui indique à tout le monde que vous n'avez pas passé la nuit chez vous), pensez quand même à vous donner un air présentable.

An awkward situation → une situation gênante

He turned out to be a retard in aluminium foil. → En fait, c'était un abruti emballé dans du papier d'alu. (Sous-entendu, il avait l'air d'un chevalier en armure étincelante au premier abord.)

I didn't want things to be awkward. → Je ne voulais pas que ça devienne embarrassant.

To leave on tip-toe → partir sur la pointe des pieds

One-night stand → un coup d'un soir

To pick up one's stuff → ramasser ses affaires

Premature evacuation → un départ prématuré, quand vous vous faites prendre en train de vous enfuir

To put one's clothes back on → remettre ses vêtements, se rhabiller

To run away → s'enfuir

She turned out to be a blacklight barbie. → En fait, elle était beaucoup plus jolie dans le noir qu'en pleine lumière.

To slip away / to sneak away → s'éclipser

A smally → un coup d'un soir sans intérêt, sans aucune attache pour aucun des participants

No strings attached → pas de sentiments, pas d'attaches

The walk of shame → la marche de la honte, le retour à la maison de bon matin dans les habits de soirée de la veille (plutôt utilisé pour les femmes)

To vanish in the air → disparaître

If you get caught (si vous vous faites chopper), vous pouvez toujours invoquer une excuse, qu'il/elle n'avalera sûrement pas, mais il/elle n'osera probablement rien dire (et sinon, tant pis pour vous) :

I have a super important meeting with my boss this afternoon. → J'ai une réunion super importante avec mon patron cet après-midi.

I have to be at work in half an hour. → Je dois être au boulot dans une demi-heure.

I have to feed / walk my dog. → Je dois nourrir / faire sortir mon chien.

My mom's gonna get worried. → Ma mère va s'inquiéter.

On reste amis… ou un peu plus ?

Vous n'avez pas vraiment envie de partir et il ou elle n'a pas l'air de vouloir vous mettre dehors. En clair, les choses ont plutôt l'air de bien se passer et vous avez bien envie que ça ne s'arrête pas là. Vous partez plutôt pour **a relationship** ou au moins **being sex friends** (une relation de couple ou rester amis pour le sexe).

A booty call → un coup de fil qui sert d'invitation à s'envoyer en l'air

Can I call you some time? → Je peux te passer un coup de fil un de ces quatre ?

Can I have your phone number? → Tu me donnes ton numéro de téléphone ?

Friends with benefits / sex friends → des amis qui s'envoient en l'air de temps en temps

I had a great time last night. → J'ai passé un super moment cette nuit.

I'd like to see you again. → J'aimerais te revoir.

Rebooty → un *booty call* passé à un ex

Tonight was amazing/awesome. → Cette nuit a été géniale.

Tonight was great. Do you think we could do it again some day? → Cette nuit était super. On se refait ça un de ces jours ?

Les préférences

•

Les hétéros

Le vocabulaire strictement hétérosexuel étant assez limité, voici quand même quelques termes et phrases qui vous permettront d'indiquer vos préférences :

Heterosexual / hetero / hetro / straight → hétéro (*hetro* est plutôt utilisé par la communauté homo et souvent de manière péjorative)
I'm rather into girls. / I prefer girls. → Je préfère les filles.
I'm rather into guys. / I prefer guys. → Je préfère les mecs.
To be straight → être hétéro (c'est le terme le plus courant)
Vanilla sex → le sexe conventionnel, qui exclut toute excentricité
Weiner cousins → deux hommes qui ont couché avec la même femme

Comme tout n'est pas toujours tout blanc ou tout noir, il arrive que les hétéros deviennent gays et *vice versa* :

Beard → un gay ou une lesbienne qui sort avec un hétéro pour dissimuler son homosexualité
Breeders → des hétéros (péjoratif, en *gay slang*, argot gay)

Fag hag / fruit fly / gay goddess → une hétéro dont le cercle social est essentiellement gay

Gay damage → un hétéro qui a eu une expérience gay et a du mal à l'accepter

Gay poison → un hétéro qui a eu une expérience gay et est obsédé par l'idée de la poursuivre

Gay wannabe → un hétéro qui veut secrètement devenir gay

To go straight → devenir hétéro

Hasbian → une lesbienne qui a actuellement une relation de couple hétérosexuelle

Heteroflexible → un/une hétéro qui a parfois des expériences sexuelles gays ou lesbiennes

Tri-sexual → quelqu'un qui est prêt à tout essayer en matière de sexe (de *try*, essayer, et *sexual*)

Wasbian / yestergay → un gay qui devient hétéro (*wasbian* = *was*, était, + *lesbian* ; *yestergay* = *yesterday*, hier, + *gay*)

Yestrosexual → un gay qui a actuellement une relation de couple hétérosexuelle

LGBTs

Gay et **lesbian** sont sans doute les termes les plus courants pour désigner les gays et les lesbiennes, et mieux vaut s'en tenir à ceux-là, les autres pouvant être perçus comme injurieux ou insultants en dehors des milieux gays et lesbiens, comme **queer**, **poof** (UK) ou encore **fag** (US). Voyons aussi tous ceux qui se regroupent sous la bannière **LGBT**.

Bender (!) / **fag** (US) (!) / **faggot** (US) (!) / **fairy** (!) / **poof** (UK) (!) / **poofter** (UK) (!) / **queer** (!) / **uphill gardener** (UK) (!) / **woofter** (!) → pédé, tapette
Bi / **bisexual** → bi, bisexuel
Butch → une camionneuse, une lesbienne très masculine
Camp → efféminé, précieux
To come out / **to come out of the closet** → faire son coming out, sortir du placard
Dike (US) (!) / **dyke** (!) / **lesbo** (!) / **lez** (!) / **lezza** (!) / **lezzy** (!) → lesbienne, gouine
Drag queen → une drag queen
Engayed → fiancé (de *gay* et *engaged*)
Faggy (US) (!) / **poofy** (UK) (!) → qui fait tapette
Gay / **homosexual** → gay, homo
Gay-basher / **queer-basher** → un individu qui tabasse des homos
Gaydar → un 6e sens qui permet de repérer si quelqu'un est homo ou hétéro (de *gay* et *radar*)
Gaylord (!) → une grande folle
Lesbian → lesbienne

LGBT (Lesbian Gay Bisexual Transgender) → LGBT (Lesbiennes, gays, bisexuels et transgenres)
LGBTQIA (Lesbian Gay Bisexual Transgender Questionning Intersex Asexual) → LGBTQIA (Lesbiennes, gays, bisexuels, transgenres, questionnement, intersexués et asexués)
Pansy → une chochotte
Queen (!!) → une folle / un homosexuel
Trannie / tranny (UK) → un travelo
Transvestite → un travesti

Profitons de ce chapitre pour apprendre quelques termes de **gay slang**, l'argot homo :

Abareskin → embarrassant
Abigail → un gay d'un certain âge qui n'a pas encore fait son coming out
AIDS terrorist → quelqu'un qui se sait séropositif, mais n'utilise pas de préservatif
Auntie → un gay d'un certain âge qui est assez féminin
Baby lesbian → une lesbienne de 25 ans ou moins
Basket → la bosse formée par les organes génitaux d'un homme à travers ses vêtements
Bumming → l'acte sexuel pour les gays (de *bum*, cul)
Chicken / twink → un jeune mec canon

Fab → fabuleux (abréviation de *fabulous*)
Flaming → excentrique et féminin
Gold star → un ou une homosexuel(le) qui n'a jamais couché avec personne de l'autre sexe et même personne qui aurait couché avec quelqu'un de l'autre sexe
Gym bunny / muscle Mary → quelqu'un qui fait de la muscu ou du sport dans un but uniquement esthétique
Lacy → un gay très féminin
Lipstick lesbian → une lesbienne très féminine
To be outed → avoir son coming out fait par quelqu'un d'autre avant de pouvoir le faire soi-même
Smurf → un jeune gay à la tignasse blonde et à l'attitude grossière (*a smurf* = un schtroumpf)

Fantasmes libertins

Vous avez décidé de faire tomber les barrières, de laisser libre cours à vos fantasmes et surtout de les réaliser ? Voilà quelques pratiques qui pourront vous aider à exprimer vos désirs !

ABDL (Adult Baby & Diaper Lover) → un adulte qui aime se comporter en bébé

BDSM (Bondage & Discipline, Dominance & Submission, Sadism & Masochism) → BDSM (bondage, discipline, domination, soumission, sadisme et masochisme)
Bondage → le bondage, pratique qui consiste à attacher son partenaire
Dogging → s'envoyer en l'air dans des lieux publics
Erotic fetishism → le fétichisme sexuel
Exhibitionism → l'exhibitionnisme
Group sex → le mélangisme
Handcuffs → des menottes
Key party → soirée échangiste où chaque femme repart avec un autre homme que le sien après avoir pioché ses clés parmi celles de tous les hommes de la soirée
Kinky → excentrique, qui a des goûts spéciaux en matière de sexe
Manwich → position avec une femme entre deux hommes (de *man* et *sandwich*)
Monkey love → l'envie de faire l'amour dans le plus d'endroits différents possibles
Orgy → une partouze
Spanking → donner la fessée
Swinger party → une soirée échangiste
Swinger's club → un club échangiste
Swinging / partner swapping → l'échangisme
Threesome / three-way → une partie à trois

Triz → une partie à trois avec une femme et deux hommes
Voyeurism → voyeurisme
Whipping → donner le fouet

Et si vous cherchez des sextoys pour pimenter les choses :

Ben Wa Balls → des boules de geisha
Bob (Battery Operated Boyfriend) → un vibromasseur (« petit copain qui fonctionne à pile », littéralement)
Cockring → un anneau pénien
Dildo → un godemichet
Rabit vibrator → le vibromasseur « rabbit », rendu célèbre par la série *Sex and the City*
Vibrator → un vibromasseur

Les sentiments

•

Le coup de foudre

Ça y est, vos efforts ont payé. **You have got it bad** (vous êtes sacrément amoureux). Félicitations : vous avez trouvé **the only one for you** (l'homme de votre vie / la femme de votre vie). **You think about him/her night and day** (vous pensez à lui/elle jour et nuit), vous êtes amoureux.

To be smitten with someone → être fou amoureux de quelqu'un
To catch feelings → « attraper » des sentiments, s'éprendre de quelqu'un
To fall head over heels for someone → tomber fou amoureux de quelqu'un
To fall in love → tomber amoureux
To fall in love at first sight → avoir le coup de foudre
To fancy / to have a crush on someone → craquer pour quelqu'un
To find the right match → trouver le bon
To get under someone's skin → être passionnément amoureux de quelqu'un, l'avoir dans la peau
To have got it bad → être sacrément amoureux

To have a soft spot for someone → avoir un faible pour quelqu'un
To be infatuated with someone → s'être amouraché de quelqu'un
To love → aimer
To make someone melt → faire fondre quelqu'un

C'est le coup de foudre et vous voulez savoir si c'est réciproque ? Essayez avec ça :

Do you believe in love at first sight? → Tu crois au coup de foudre ?

Trouver **Mister Right** ou **the only one for you** était compliqué mais il/elle est là et en plus, vos sentiments semblent bien être réciproques ! Un vrai petit couple :

To be an item → être en couple
Biological clock → l'horloge biologique
To get hitched / to get spliced → se maquer
To get married / to get wed → se marier
It's a match made in heaven. → Ils sont faits l'un pour l'autre.
To pop the question → poser LA question, demander quelqu'un en mariage
To propose → faire une demande en mariage

To shack up together → se mettre en couple
To tie the knot → se passer la corde au cou

Un peu de tendresse

L'amour aurait-il tendance à vous rendre un peu **soppy** (cucul la praline) ? Voilà que tous les deux vous vous donnez des petits noms : noms d'oiseaux comme **duck** (mon canard) ou **chicken** (mon poulet), classiques comme **love** (mon amour), **darling** (mon chéri ou ma chérie) ou **treasure** (mon trésor), ou plus inspirés comme **petal** (littéralement, « pétale »), **sunshine** (mon rayon de soleil), **honey** (littéralement, « miel ») ou **sweetiepie** (littéralement, « tarte sucrée »). Sans doute **your starry-eyed side** (votre côté fleur bleue) :

Chicken → mon poulet, ma poule
Darling → mon chéri, ma chérie
Duck → mon canard
Honey / sweetheart / sweetiepie / sweety → ma douceur
Love → mon amour
Pet / petal → mon amour, mon cœur (*pet* = un animal de compagnie ; *petal* = un pétale)
Sunshine → mon rayon de soleil
Treasure → mon trésor

L'amour donne des ailes et vous vous êtes transformé(e) en petit(e) ami(e) parfait(e), plein(e) d'attentions et de tendresse. Vous parlez même d'une seule voix :

To cuddle → câliner
Girlfriend voice → la voix que prend un mec pour parler à sa copine.
To hold someone → tenir quelqu'un dans ses bras
A loving couple → une couple d'amoureux
Monthiversary → anniversaire de couple au bout d'un mois ou de six mois par exemple (de *month*, mois, et *anniversary*)
No-name basis → quand un couple n'utilise plus ses prénoms respectifs, mais se donne plutôt des petits noms
Romantic → romantique
Soppy → cucul la praline
The spousal we → le nous de couple, quand un couple parle d'une seule voix
Romantic side / starry-eyed side → un côté romantique, fleur bleue
Tenderness → la tendresse

Quelques mots tendres :

I can't imagine my life without you. → Je ne peux pas imaginer ma vie sans toi.
I love you. → Je t'aime.
I love you too. → Je t'aime aussi.
I miss you. → Tu me manques.
I will always love you. → Je t'aimerai toujours.
Will you marry me? → Veux-tu m'épouser ?
Will you spend the rest of your life with me? → Veux-tu passer le reste de ta vie avec moi ?

Passion et jalousie

Plus que de l'amour, **it's a burning passion that is consuming you** (c'est une passion brûlante qui vous dévore) !

Burning passion → une passion brûlante
Consuming passion → une passion dévorante
To be crazy about someone → être fou de quelqu'un
Love → l'amour
To be madly in love with someone → être fou amoureux de quelqu'un, l'aimer à la folie
Passion → la passion
Soul mate → une âme sœur

To think about someone day and night → penser à quelqu'un jour et nuit

Vous avez besoin d'exprimer cette passion et de lui dire ce que vous ressentez ? Essayez ça :

I can't live without you. → Je ne peux pas vivre sans toi.
I would die for you. → Je donnerais ma vie pour toi.
You're everything to me. → Tu es tout pour moi.
You're the love of my life. → Tu es l'amour de ma vie.
You're the only one for me. → Tu es le/la seul(e) qui compte pour moi.
You're my soul mate. → Tu es mon âme sœur.

De la passion à la jalousie, il n'y a qu'un pas. Le **green-eyed monster** (le monstre aux yeux verts, métaphore de la jalousie) est entré dans votre esprit :

Are you seeing someone else? → Tu vois quelqu'un d'autre ?
Are you sleeping with that cunt / that slut? → Tu couches avec ce connard / cette traînée ?
Do you love him/her? → Tu l'aimes ?
The green-eyed monster → le monstre aux yeux verts, la jalousie

To go mad with jealousy → devenir fou de jalousie
To hire a private detective → engager un détective privé
Is there someone else? → Il y a quelqu'un d'autre ?

Votre pire crainte s'est révélée être exacte : quelqu'un d'autre a utilisé ce livre pour séduire votre moitié.

To be unfaithful → être infidèle
A bit on the side / fancy man UK **/ fancy woman** UK → un amant ou une maîtresse
To cheat on someone → tromper quelqu'un
Don't leave me! I'm begging you. → Ne me quitte pas ! Je t'en supplie.
He is cheated on, his wife is seeing someone else. → Il est cocu, sa femme voit quelqu'un d'autre.
Infedelity → l'infidélité
To lie → mentir
Love triangle → un triangle amoureux
Seven-year itch → le démon de l'infidélité (après 7 ans de relation)
Two-timing → l'infidélité conjugale
When the cats away, the mice will play. → Quand le chat n'est pas là, les souris dansent.

The green-eyed monster

D'où vient donc ce *green-eyed monster* ? Ce n'est autre qu'une des nombreuses contributions shakespeariennes à la langue anglaise (de même que *to make the beast with two backs*).

La jalousie devient un monstre aux yeux verts dans la bouche de Iago qui met en garde le personnage d'Othello contre ce sentiment destructeur, dans la pièce éponyme *Othello*.

La rupture

Les formules classiques

Vous êtes bien obligé d'accepter la réalité : cette histoire ne marche pas et **you need to break up** (vous devez rompre). Si un de vos potes vous a aidé à prendre cette décision, ou convaincu de le faire, on peut dire que c'est **a breakup buddy**. Dans tous les cas, espérons que la rupture se passe bien et que vous puissiez **remaining friends** (rester amis).

Break-up / separation → une rupture
To break up with someone → rompre avec quelqu'un
To break up / to split / to split up → rompre
A breakup buddy → un ami qui vous aide à prendre la décision de rompre.
Divorce → le divorce
To divorce → divorcer
Divorcee → quelqu'un qui a divorcé
To dump someone → laisser tomber quelqu'un, rompre avec lui
My ex → mon ex
Ex-boyfriend / ex-girlfriend / ex-husband / ex-wife → un ex (petit ami, petite amie, mari, femme)

To obtain a divorce → obtenir le divorce
To remain friends → rester amis

Si vous avez besoin d'un peu d'aide pour expliquer les causes de la rupture, voici quelques phrases qui pourront peut-être vous aider :

I'm not ready for commitment. → Je ne suis pas prêt à m'engager.
I never see you. I don't want to have to go on holiday to see my girlfriend. → On ne se voit jamais. Je n'ai pas envie que les seuls moments où je vois ma copine soient les vacances.
It's not you, it's me. → Ce n'est pas ta faute. Ça vient de moi.
I think we both rushed into this relationship and forgot to get to know each other. It's not working out. → Je crois qu'on s'est précipité dans cette relation et qu'on a oublié de prendre le temps de se connaître. Ça ne marche pas.
This is going too fast for me. → Ça va trop vite pour moi.
We don't have much in common. → On n'a pas grand-chose en commun.

We don't make each other happy. We should end this. → Aucun de nous ne rend l'autre heureux. On devrait arrêter là.

We've both grown up and changed. I love you but it's not the kind of love you want from me anymore. → On a grandi et changé tous les deux. Je t'aime, mais plus comme tu le souhaiterais.

We want different things. → On veut des choses différentes.

You're perfect in every way, just not for me. → Tu es parfaite, mais pas pour moi.

Rompre avec honnêteté

Vous avez choisi de ne pas prendre de gant et de lui parler en toute honnêteté. Honnête ou trop honnête, à vous de voir :

Being with you has just become more effort than you're worth. → Être avec toi me demande plus d'efforts que tu n'en mérites.

I don't trust you. → Je ne te fais pas confiance.

I don't want to see you anymore. → Je ne veux plus te voir.

I liked my last boyfriend/girlfriend just a little bit more. → Je préférais mon ex.

I'll always remember last night but I think we can forget about tomorrow. → Je n'oublierai jamais la nuit dernière, mais je crois qu'on peut oublier demain.

I know it took me two years to finally get you out on a date, but now I'm not so much into it… → Je sais que ça m'a pris deux ans pour obtenir un rancard avec toi, mais maintenant ça ne me branche plus tant que ça.

I'm leaving you. Do you want me to go tonight or tomorrow? → Je te quitte. Tu veux que je parte ce soir ou demain ?

I'm more interested in looking at pictures of animals on the Internet than in spending time with you. → Je préfère regarder des photos d'animaux sur le Net que passer du temps avec toi.

I'm not attracted to you anymore. → Je ne suis plus attiré par toi.

I met someone else. → J'ai rencontré quelqu'un d'autre.

I need to see other women to know if my love for you is genuine. → Je dois voir d'autres femmes pour savoir si je t'aime vraiment.

I prefer my own company. → Je préfère rester seul.

Isn't six and a half years long enough? → Est-ce que six ans et demi, ce n'est pas suffisant ?

I tend to tune out when you talk to me for too long. → J'ai tendance à être ailleurs quand tu me parles trop longtemps.

I think you love me more than I love you. → Je crois que tu m'aimes plus que je ne t'aime.

It's not you. You're fine, really pretty and smart, more than me actually. But I want younger women. → Ce n'est pas ta faute. Tu es très bien, vraiment jolie et intelligente, plus que moi en fait. Mais je veux des femmes plus jeunes.

It's not you. You're great, handsome and nice, more than me actually. But I want younger guys. → Ce n'est pas ta faute. Tu es super, beau et sympa, plus que moi en fait. Mais je veux des mecs plus jeunes.

It's too hard to get along with you and I just want a peaceful existence. → C'est trop dur de s'entendre avec toi et je veux juste avoir une vie paisible.

I wish I could say that you're the most special person in the world, but you're not. → J'aimerais pouvoir dire que tu es la personne la plus exceptionnelle au monde, mais tu ne l'es pas.

There are many changes in my life at the moment and they don't include you. → Il y a beaucoup de changements dans ma vie en ce moment et tu n'en fais pas partie.

There's a guy / a girl at work and I've been toying with the idea of sleeping with him/her. → Il y a un type / une fille au boulot et j'avais dans l'idée de coucher avec lui/elle.
We're not going to get married, so what's the point? → On ne se mariera pas, alors à quoi bon ?
We've lost the sexual spark. → On a perdu cette étincelle qui faisait que le sexe était génial.
You don't make enough money. → Tu ne gagnes pas assez d'argent.
You're not Mr. Right, only Mr. Right Now. → Tu n'es pas l'homme de ma vie, juste l'homme de maintenant.
You're really short and I don't want my future kids to be at a physical disadvantage. → Tu es vraiment petit et je ne veux pas que mes enfants soient désavantagés de ce point de vue.

Rompre comme un lâche

En fait, vous préféreriez trouver une excuse, bonne ou pas, pour rompre, histoire d'éviter les discussions à n'en plus finir. Vous vous fichez pas mal de devenir son **ex-hole** (mélange de ex et *asshole*, connard) et toutes les raisons sont bonnes, tant que vous vous tirez de ce mauvais pas le plus rapidement possible :

I don't like your family / your friends. → Je n'aime pas ta famille / tes amis.

If I keep on seeing you, I will want to spend the rest of my life with you and I'm not ready for that. → Si on continue de se voir, je vais vouloir passer le reste de ma vie avec toi et je ne suis pas prêt pour ça.

I have to go back to rehab. → Je dois retourner en désintox.

I hate your new haircut. → Je déteste ta nouvelle coupe de cheveux.

I'm allergic to your dog. → Je suis allergique à ton chien.

I'm not strong enough to have the responsibility for someone else's happiness. → Je ne suis pas assez fort pour supporter d'avoir la responsabilité du bonheur de quelqu'un d'autre.

I'm sorry it happened with you, but being with you has made me realize that I'm gay. I can't deny it anymore. → Je suis désolé que ça tombe sur toi, mais en étant avec toi, je me suis rendu compte que je suis gay. Je ne peux plus le nier.

I'm worried about how many issues you have, you can't seem to be working them out. → Je m'inquiète de tous les problèmes que tu as à régler, tu as l'air de ne pas t'en sortir.

I love you too much, it's driving me mad. → Je t'aime trop, ça me rend dingue.

I need to concentrate on my career right now. → Je dois me concentrer sur ma carrière pour le moment.

My cat freaks out whenever you come at my place, so there really must be something wrong about you. → Mon chat flippe à chaque fois que tu viens chez moi, il doit vraiment y avoir quelque chose qui cloche chez toi.

Right now, I'd like to finish to write my book. When I'm done, I'll tell you if we can go on. → Pour le moment, je voudrais finir d'écrire mon livre. Quand j'aurai fini, je te dirai si nous deux, ça peut continuer.

We have too much in common. We are too much alike. → On a trop de choses en commun. On se ressemble trop.

You know me too well, and that freaks me out. You even know what I am going to do before I do it. → Tu me connais trop bien, ça me fait peur. Tu sais même ce que je vais faire avant même que je le fasse.

You mess up my bed and I hate re-making it. → Tu défais mon lit et j'ai horreur de le refaire.

You're great, but I have so much baggage, and right now I have more bad days than good days… it wouldn't be fair to you. → Tu es super mais j'ai beaucoup de problèmes et en ce moment j'ai plus de mauvais jours que de bons… ça ne serait pas juste pour toi.